Johann H Becker

Ursprung und geschichtliche Entwickelung der sSttlichkeit

durch den Kampf ums Dasein

Johann H Becker

Ursprung und geschichtliche Entwickelung der sSttlichkeit
durch den Kampf ums Dasein

ISBN/EAN: 9783743655799

Hergestellt in Europa, USA, Kanada, Australien, Japan

Cover: Foto ©ninafisch / pixelio.de

Weitere Bücher finden Sie auf **www.hansebooks.com**

Ursprung

und

Geschichtliche Entwickelung

der

Sittlichkeit

durch den

Kampf ums Dasein.

Von

Joh. H. Becker.

Inhalt:
I. Das Naturgesetz der Sittlichkeit. — II. Der Rassencharakter der Sittlichkeit. — III. Sachse und Schlange. Eine Seegeschichte der Urzeit. — IV. Stammesgefühl; Unsterblichkeitsglaube; Rassenbewußtsein. — V. Gegenwärtiger Zustand sittlicher Begriffe. — Anhang: Die Sagaschlüssel und die Zahlwörter als Quelle der Urgeschichte.

Leipzig

Gustav Fock

1888.

Die Sittlichkeit.

I.
Das Naturgesetz der Sittlichkeit.

Hobbes, ein Engländer, der schon vor zwei Jahrhunderten gelebt, hat als seine Weltanschauung eine Lehre aufgestellt, deren Grundsatz sich kurz und bündig in den drei Worten:

Macht hat Recht

wiedergeben läßt. Er gilt in Folge dessen als ein Begründer der Lehre von der absoluten Monarchie. Der im vorigen Jahrhundert entstandene Liberalismus betrachtet aber die absolute Monarchie als den bösen Erzfeind, und Hobbes ist darum in den Augen der liberalen Menschheit eine Art Satanspriester geworden. Ein „Alligatorenphilosoph!" Die Erfindung dieses Titels gebührt Herrn Karl Heinzen, Herausgeber des Pionier in Boston, einem der radikalsten und konsequentesten Verfechter der liberalen Weltanschauung. Er legte ihn zwar nicht persönlich dem Herrn Hobbes, sondern dem Schreiber dieser Zeilen bei, als derselbe einst seine Bedenken gegen die Möglichkeit der liberalen Weltordnung auf dieser Erde äußerte, „da, so lange die Menschheit existirt, noch kein anderes Recht von ihr anerkannt wurde, als das der „rohen, unsittlichen Gewalt", die sich ihre Anerkennung zu erzwingen verstand." Es ist eine lange Reihe von Jahren verflossen, seitdem dieser liberale Begründungsstein auf uns geworfen wurde; von einer Bekehrungswirkung haben wir aber bis heute noch Nichts gespürt.

Unsere Ansicht ist vielmehr in ihrer Grundlage dieselbe

und auf dem Boden der Wirklichkeit, auf dem die „Menschen, wie sie sind," sich tummeln, unentwegt stehen geblieben. Wir theilen demnach mehr als jemals die Anschauungen des scharfen englischen Denkers. Nur von einem Punkte aus glauben wir einen Fortschritt gemacht zu haben. Es ist der Ausgangspunkt unserer Auffassung. Jener betrachtet Sittlichkeit als einen von der Regierung hergestellten Codex von Vorschriften, wir dagegen sehen dieselbe als Produkt der geschichtlichen Entwickelung der Staatsgesellschaft an, das ganz unabhängig vom Willen, ja ganz unabhängig von der Erkenntniß, der Verstandesthätigkeit irgend welcher Einzelindividuen entstanden ist; als ein ungeschriebenes Volksgesetz, dem Einzelindividuen, mögen sie Regierungsfunktionen ausüben, mögen sie Unterthanen sein, so gern sie sich auch häufig seinen Wirkungen entziehen, seinen Geboten widersetzen mögen, Aenderung und Gestaltung durch keinen Machtspruch aufzuoktroiren im Stande sind. Woher kommt dieses Gesetz? Hat es „höheren" Ursprung? Mit nichten! Sein Ursprung ist ächt irdisch, ächt menschlich und irdisch und menschlich ist sein Wirkungskreis und Geltungsbereich."

Gesetzt, es gäbe zu irgend einer Zeit in einer bestimmten Gegend eine Anzahl Individuen, die wir A, B, C, D und E nennen wollen, im Naturrechte lebend, Einer dem Anderen gleich. Gesetzt, es wären nun an demselben Orte eine Quantität Nahrungsmittel vorhanden, grade genügend, nicht mehr und nicht weniger, um vier von diesen fünf Individuen die Mittel zur Erhaltung des Lebens zu gewähren, so muß doch wohl der fünfte verhungern? — Wir fragen nun alle „Christen", die die Welt, wie sie uns erzählen mit „Liebe", alle Humanisten, die die Welt mit dem „Menschenrecht" regieren wollen, welcher von den fünfen ist es, ist es A, ist es B, ist es C, oder D oder E, der kraft eures allmenschlichen Regierungsgesetzes geopfert werden muß? — Treten wir, während Christen und Liberalen sich auf ihre Antwort besinnen mögen, selbst der Beantwortung dieser Frage näher, so finden wir, daß weder A, noch B, noch C, noch D, noch E die geringste Ursache hat, sich freiwillig dem Prozesse der Vernichtung zu unterwerfen, selbst wenn jeder von ihnen sich durch eine solche Unterwerfung dem einstimmigen Dank seiner vier Kameraden, möglicherweise in einer Bildsäule, als Triumpf der Menschenliebe oder des Menschenrechtes dargestellt, — verdienen könnte. „Mit nichten" sagt A zu B, C u. s. w. verdiene du dir das!" „Ich gönne dir die Ehre" sagt D zu E u. s. w. „Geh du voran als Priester der Liebe" sagt C zu jedem Anderen. „Beweise du deine Treue Herr Professor des Menschenrechts" sagt D zu dem, der ihm gerade am nächsten steht. So gehen die Deklamationen, die pathetisch-liberalen Anrufungen „höheren" Einflusses weiter, bis sie allesammt recht hungrig, und es die höchste Zeit ist, die Rationen an die viere zu vertheilen, für die sie vorhanden sind, und dann geht's los! Was? — das „Gottesgericht", wie die Altvordern sagten. Sie hauen auf einander, so lange bis Einer zu Boden geschlagen ist, und sich nicht mehr rühren kann. Ob A, ob B, ob C, D, E es ist, den dieses Schicksal trifft, wer weiß es? Die Thatsache entscheidet! Und diese Entscheidung ist gerecht, sie ist gerechter, als irgend Eine, die von einem christlichen Liebes-, oder von einem liberalen Menschenrechtstribunal gegeben werden könnte; sie ist die gerechteste, die überhaupt denkbar ist. Warum? Weil der, der dort am Boden liegt und verendet, die geringste Lebenskraft unter Allen besitzt, und weil das Ueberleben der Lebenskräftigsten einen wahren Fortschritt in der Entwickelung, eine allgemeine Stärkung, eine Emporhebung des weiter lebenden Menschengeschlechts darstellt! Das ist das Darwinische Gesetz: Das Recht des „Stärkeren" zum Ueberleben. Der Stärkere aber, Ihr Prediger und Philosophen, die ihr seit Jahrtausenden vom „Guten an Sich" schwatzt, ist der jeweilig „Gute an Sich", es ist der Bessere; und sein

1*

Ueberleben ist an sich eine „Besserung der Menschheit", die, Ihr ja, wenn man euren Reden glauben darf, anstrebt. — So packt denn ein, geht aus dem Wege, laßt ab von dem eitlen Versuche, dem Darwinischen Gesetze, dem eisernen Kampfe um's Dasein, dem Rechte des Stärkeren papierne mit Phrasen aufgeblasene Windbeutel als Hemmschuhe in den Weg werfen zu wollen; wenn ihr aber durchaus etwas thun wollt, so ebnet seinem Fortschritte, der Besserung des Menschengeschlechts durch Vernichtung der Schlechteren seine Bahn!. —

Doch ich höre Euch schreien: Oh, wenn dieses Faustrecht maßgebend sein soll, dann springen wir ja auf einmal zurück in die Zeit des Kannibalismus, werden Barbaren, zweibeinige wilde Thiere, und unsere ganze Zivilisation, das gesammelte Erbe von Jahrtausenden der Arbeit unserer Vorfahren, geht zu Grunde! Gemach, Ihr Herren! Glaubt Ihr wirklich, daß das zweibeinige wilde Thier, der Kannibale, stärker ist, als der zivilisirte Mensch? Dann habt Ihr eine verzweifelt geringe Meinung vom Werthe Eurer Zivilisation! Wenn dem so wäre, wenn alle Hilfsmittel, die Euch die Zivilisation, der Inbegriff aller Eurer stolzen Wissenschaften und edlen Künste, an die Hand giebt, Hilfsmittel, die die persönliche Kraft hundert- und tausendfach vervielfältigen, Euch nicht in den Stand setzen, dem auf die Kraft seiner Gliedmaßen beschränkten Barbaren die Spitze zu bieten, dann — erlaubt mir's zu sagen! — danke ich für Eure Zivilisation! Dann müßt Ihr — persönlich — eine Rasse ganz erbärmlicher Wichte sein, und im Vergleich mit Euch jener Barbar persönlich ein göttergleicher Held, dem der Genius der Menschheit Verehrung schuldete, wenn er solche verkommenen Subjekte, je schneller je besser, in Dünger für die Pflanzen seiner Zivilisation verwandeln würde! Seid Ihr diese Wichte wirklich, dann thäte mir's leid, noch weiter mit Euch mich zu unterhalten, Ihr verdienet dann nur noch, ge- und zertreten zu werden! Hinweg mit Euch!

Die Gefahr, daß der Kampf um's Dasein in eine rohe Prügelei und Todtschlägerei zwischen den Einzelindividuen ausarte, hat, in der Zeit, die wir Geschichte nennen, überhaupt nicht existirt. In dieser Epoche hat das Mensch genannte Wesen genug Intelligenz besessen, um zu wissen, daß das absolut für sich bastehende Einzelindividuum (Max Stirner's „Einziger" mit seinem „Eigenthum") unterliegen müsse, gegenüber einer Verbindung, einer Sippe, einer Bande, einer Vereinigung Mehrerer zum Zwecke gemeinsamer Unterstützung im Kampfe.

Erscheinen solche Vereine aber dem „Menschenverstande" als erforderlich, so dürfen auch gewisse Regeln und Ordnungen, durch deren Aufrechterhaltung eben der Verein besteht, nie von den Menschen außer Acht gesetzt werden. — Unter sonst gleichen Umständen wird der am besten diszipliniere Verein die schlechter disziplinirte Horde besiegen und vernichten. Diese Dinge sind offenkundig — ihre Auseinandersetzung für jeden Menschen von Verstand ganz überflüssig; und das liberal=humane Gezeter über das rohe Faustrecht ist damit von selbst hinfällig. Kein roher Faustkampf entscheidet im menschlichen Kampfe um's Dasein; dieser wird vielmehr mit allen Regeln der Disziplin, mit allen Hilfsquellen der Kunst und Wissenschaft geführt, und ist nur da erfolgreich, wo er so geführt wird. Aber Kunst und Wissenschaft allein entscheiden diesen Kampf nicht. Es kommen bei seiner erfolgreichen Betreibung vielmehr Elemente in's Spiel, als da sind: physische Kraft, Gesundheit und Abhärtung, Einfachheit der Bedürfnisse, Muth, Aufopferungsfähigkeit, Zucht und last not least ein reges Gefühl der Stammesangehörigkeit, verbunden mit einer sozialen Organisation, in Folge deren sich jeder einzelne Krieger auch wirklich als Theilnehmer an den Geschicken der Staatsgesellschaft bethätigt, für die er kämpft.

Es scheint nun in der vergangenen Geschichte der Menschheit allerdings der Fluch aller Zivilisation gewesen zu sein, daß diese letzteren Elemente allmälig abhanden gekommen sind, so daß schließlich trotz der erklommenen Höhe in Kunst und Wissenschaft, trotz der technischen Disziplin der Heere angreifende in diesen eben genannten Hinsichten weit zurückstehende Barbarenstämme in Folge ihrer höheren Ausstattung mit jenen Elementen der Macht im Stande waren, diese Zivilisationen zu besiegen und über den Haufen zu werfen. Eine Ergründung der Ursache dieser geschichtlichen Erscheinung würde einer theoretischen Lösung der „sozialen Frage" ungefähr gleichkommen! —

Wenn auch die gänzliche Unfähigkeit aller christlich=liberal=humanen Sittlichkeitsanschauungen, auf die von uns beispielsweise aufgeworfene Frage eine sittliche Antwort zu ertheilen, das Ungenügende dieser Anschauungen vollständig an's Licht stellt; so müssen wir nun hinzufügen, daß das gewählte Beispiel keineswegs aus der Luft gegriffen, sondern vielmehr das wahre Verhältniß der zu jeder Zeit lebenden Menschheit sehr richtig darstellt. Das Gesetz der Bevölkerungsvermehrung, dem man gewöhnlich den Namen des Schotten Malthus beilegt, behauptet nämlich:

Daß die „Vermehrungsfähigkeit der Menschheit" eine stärkere ist, als die der Ernährungsmittel.

Daß die Bevölkerung bis zur Grenze anwächst, die durch das Quantum der verfügbaren Nahrungsmittel bestimmt wird.

Daß, sobald diese Höhe der Bevölkerung eingetreten, die fernere Vermehrung durch gewisse Hindernisse (checks) in Schranken gehalten wird, die dem jederzeit vorhandenen Quantum von Nahrungsmitteln entsprechen.

Unter diesen Hindernissen und Schranken zählt Malthus in einer Reihe von Kapiteln: Krieg, Noth, Entbehrung und Krankheiten; Verzichtleistung auf die naturgemäße Ausübung der geschlechtlichen Funktion, große Kindersterblichkeit, Kindermord u. s. w. auf.

Malthus behauptet nun, daß diese Schranken (check's)

der Volksvermehrung in einer oder der anderen Gestalt immer und überall bestehen müssen, und also naturgemäß sind.

Alles, was die Widersacher der Malthus'schen Theorie nun überhaupt gethan haben, besteht in der Vorführung gewisser hier und da sich zeigenden Thatsachen, die als „checks" als Hindernisse der Volksvermehrung auftreten, und die Malthus nicht beachtet. Es wird z. B. eingewendet, daß Bevölkerungen in dünnbevölkerten Gegenden, ebensowohl unter Noth, Elend u. s. w. leiden, also an der Hungergrenze sich befinden, als Bevölkerungen dickbevölkerter Länder, ja daß in verschiedenen Geschichtsepochen ein und dasselbe Land der Zahl nach sehr verschiedene Bevölkerungen ernährt habe. Dieser Einwand trifft aber die Malthus'sche Theorie gar nicht. Die Bevölkerungs= resp. Hungergrenze hängt eben von der jeweiligen Produktionsfähigkeit der Ländereien, diese selbst aber wieder von der Kulturstufe der Bevölkerung ab, und die Kulturstufe der Bevölkerung hängt wiederum von dem Regierungssystem, den Rasseneigenschaften, dem Bildungsgrade der vorhandenen Bevölkerung ab. Aber jedes bestimmte Land hat zu jeder bestimmten Zeit ein bestimmtes Kultursystem, diesem entspricht zu jeder Zeit die Grenze der Produktionsfähigkeit von Nahrungsmittel, durch diese wird der Bevölkerungsziffer eine „Hungergrenze" gesetzt, die sie vermöge ihrer natürlichen Vermehrungsfähigkeit mit größter Leichtigkeit übersteigen könnte, aber thatsächlich nicht übersteigen kann, weil die erzeugungsmögliche Ueberzahl eben keine Lebensmittel vorfindet, von denen sie ihr Leben fristen könnte. Verändern sich die Umstände durch Aenderungen des Kulturzustandes der in einem gewissen Lande wohnenden Bevölkerung, so verändert sich entsprechend auch die mögliche Bevölkerungsziffer. Diese Veränderung des Kulturzustandes tritt aber in der Regel (und wenn dasselbe Volk in dem betreffenden Lande sich ungehindert friedlich entwickeln kann, immer) so langsam ein, daß die aus ihr sich etwa ergebende Steigerung der Ernährungsmöglichkeit von der möglichen Volksvermehrung immer übertroffen wird. Nur ausnahmsweise z. B. im Falle der Ausrottung eines auf tiefer Kulturstufe stehenden Jägervolkes durch eine auf höherer Kulturstufe stehende Kriegerschaar von Ackerbauern tritt eine plötzliche Vermehrung des verfügbaren Vorrathes von Nahrungsmitteln ein, die größer sein mag, als die natürliche Vermehrungsfähigkeit des Erobererstammes. So war es z. B. seit 200 Jahren in den Vereinigten Staaten. Abgesehen davon, daß selbst diese Erscheinung von der Vernichtung der Urbevölkerung abhängt, ist sie nur eine zeitweilige und lokal begrenzte; also eine seltene Ausnahme, die die Regel nicht umstößt, sondern sie bestätigt; wie denn auch Malthus die Begründung seines Gesetzes wesentlich auf die Vorgänge in den Vereinigten Staaten gestützt hat.

Es ist leicht einzusehen, daß die Konsequenzen des Malthusischen Gesetzes ganz dieselben sind, wie die unseres Eingangs erwähnten einfachen Beispiels. Noth und Elend oder die unnatürliche Verhinderung der Volksvermehrung sind eben die Mittel, durch welche die überschüssige Bevölkerung ihres Existenzrechtes beraubt wird. Nachdem Einer von jenen Fünf niedergeschlagen war, hätten ja die anderen Vier auch nicht gerade nöthig ihn todtzuschlagen. Wären sie moderne Liberale, so würden sie ihm vielmehr Hände und Füße binden, ihn liegen lassen und weggehen; dabei würden sie ihm noch mit biederer Gönnermiene zurufen: „daß sie ihm als humane Leute sein Recht auf Leben nicht verkürzen wollten, sondern ihm volle Freiheit ließen, es nach Belieben geltend zu machen!" Barbaren freilich würden es für humaner halten, den Unterlegenen kurz und bündig todtzuschlagen. So sind die Ansichten verschieden, über ihre Vorzüglichkeit läßt sich auch durch Vernunftgründe nichts entscheiden, sie ist reine Geschmackssache. Beide Arten der Erledigung lösen die Frage des Kampfes um's Dasein durch Vernichtung der Besiegten! —

Praktisch hat sich der Liberalismus mit der unbequemen Thatsache der Malthusischen Gesetze immer durch die Heuchelei abgefunden, die darin besteht, daß die Ziele des Liberalismus als etwas für die Zukunft Erstrebenswerthes, „Ideales" hingestellt werden, die in Folge des Einflusses des „Bösen" im praktischen Leben noch nicht zur Geltung kommen könnten. Das „Böse" ist aber eben das Malthusische Gesetz, die leibige Nothwendigkeit und Noth der Ernährung „aller Menschen"; die wie sie in aller Vergangenheit bestanden hat, auch in alle Zukunft fortbestehen wird. Würde nun der Liberalismus wenigstens so ehrlich sein, anzuerkennen, daß seine „ideale Weltanschauung" eben „ideal" sei und bleibe, daß dieselbe in einer unwesenhaften, überirdischen Zukunft des Menschengeschlechts (von den Theologen Himmelreich genannt), zur Geltung kommen werde, in welcher die Einzelindividuen keiner erdigen, schmutzigen, sondern ausschließlich der reinen, edlen, geistigen, idealen, kurz unmateriellen Nahrung bedürfen, in einer Welt, in der der Mensch, wenn sein Magen knurrt, eine Ration Philosophie verspeist; — dann wäre es für ein einfaches, auf dem Boden der Wirklichkeit stehendes Menschenkind noch möglich, mit den Liberalen über die Verhältnisse dieser irdisch-gemeinen Welt zu diskutiren. Denn dann könnten die idealen Herren, ohne ihrer höheren Menschenwürde etwas zu vergeben, sich zu dem Zugeständniß herablassen, daß der niedere Interimszustand der Existenz einer mit ewigen Nahrungssorgen behafteten Menschheit auch eine, diejenige vernünftige Erwägung verdiene, die ihm die Liberalen, die aus dem unerschöpflichen Füllhorn höherer Mittel zu wirthschaften im Stande sind, eben noch nicht gegeben haben!

Genug der Worte! Die liberale Theorie ist, im Lichte unserer Anschauung, weiter nichts, als eine heuchlerische Spiegelfechterei, zu dem Zwecke aufgeführt, um die Menschheit zu zerstreuen und von der Betrachtung der Wirklichkeit ihrer Existenzbedingungen, der Noth um die Ernährung, der Nothwendigkeit des Ringens, des Kampfes um den Erwerb der Lebensmittel abzulenken. Gelingt diese Ablenkung auch nur einem Bruchtheile der Mensch genannten Individuen gegenüber wirklich; lassen diese sich durch diese Spiegelfechterei bewegen, ihre Interessen im fortwährenden Kampfe um's Dasein zu vernachlässigen, nun — so ziehen sie eben in diesem Kampfe den Kürzeren, verkommen in Noth und Elend, dadurch wird der Ueberschuß der Konkurrenten beseitigt, und die, die klüger waren, und ihren Geschäften, nicht dem liberalen Gaukelspiel nachgingen, haben es leichter, die Ueberlebenden zu sein. So vollzieht sich das Malthusische Gesetz unter der liberalen Aegide. Es ist die Zeit der Schwindelherrschaft, welche das Gleichgewicht zwischen Bevölkerungszuwachs und Ernährungsmöglichkeit nicht durch offenen „Kampf" (die Idee des „Kampfes" ist schon verpönt), sondern durch Ueberlistung der Dummen herstellt.

Wenn aber, so mag man fragen, unter der Aegide des Liberalismus der Kampf ums Dasein doch fortwährend wüthet und seine Opfer fordert, warum sperren sich die den Liberalismus bekennenden Individuen, da sie doch fortwährend in der Mitte dieses Kampfes stehen, denn gegen die Anerkennung seines Daseins, seiner Nothwendigkeit im Menschenleben? Warum? Einfach deshalb, weil unter dem Systeme des offenen Kampfes die Klasse der Besiegten, und zum Untergang Verurtheilten möglicherweise eine Andere sein könnte, als die der gegenwärtig Besiegten; weil deßhalb Mancher, der jetzt als Sieger im Kampfe dasteht, der seine Existenz behauptet, dessen Sippe fruchtbar ist und sich mehrt, dessen Rasse sich ausbreitet, beim offenen Kampfe als Besiegter dem Untergange, und sein Geschlecht dem Aussterben gewidmet wäre. Der „Dumme", der jetzt besiegt wird, ist der leichtgläubig Ehrliche, der den aufs Jenseit ausgestellten falschen Wechsel des Liberalismus für baare Münze des irdischen Lebens nimmt. Wer würde bei der offenen Anerkennung des Malthusischen Gesetzes der Besiegte sein? —

Wir wählten für das Titelblatt das Wort „darwinisch" deßhalb, weil der Darwinismus in der Beantwortung dieser Frage einer wissenschaftlichen Auffassung des Wesens der Sittlichkeit die Grundsteine liefert. Darwin erkannte die allgemeine Anwendbarkeit des Malthusischen Gesetzes, der Erzeugung menschlicher Wesen in Ueberfülle, auf die gesammte lebende Natur. Es bleibt sein besonderes Verdienst, den Fortschritt, die Weiterentwickelung der lebenden Schöpfung aus der Geltung dieses Gesetzes erklärt zu haben. Die allgemeine Folge der Erzeugung lebender Wesen jeder Gattung in größerer Fülle, als sie die Natur ernähren kann, ist der Kampf um's Dasein. Die schwächeren Individuen jeder Art ziehen im Kampfe gegen die anderen Individuen derselben Art, und die schwächeren Arten und Geschlechter im Kampfe gegen die stärkeren, vollkommeneren, überlegenen Arten und Geschlechter fortwährend den Kürzern. Die Anzahl der letzteren, der überlegenen Individuen innerhalb der Art, der überlegenen Arten und Geschlechter im Gesammtreiche der lebenden Wesen wird also immer größer. Nun tritt ein anderes Prinzip hinzu, ein Prinzip, das von der liberalen Weltanschauung ebenfalls mit Fanatismus verfolgt, aber von der Naturwissenschaft über allen Zweifel festgestellt, und dadurch wieder zu Ehren gebracht worden ist. Dieses Prinzip ist das der Erblichkeit. Die Anlagen zu den Fähigkeiten, die die Eltern im Augenblicke der Erzeugung besaßen, gehen auf die Nachkommen über. Indem nun in Folge des Kampfes um's Dasein die schwächeren Individuen, die schwächeren Arten mehr oder minder vernichtet werden, ehe sie zur Wiedererzeugung von Nachkommenschaft gelangt sind, wird die letztere im Wesentlichen von den siegreichen Stärkeren erzeugt, und erwirbt dadurch schon von vornherein die Anlage größerer Kraft, als die letzte Generation. Dieser Vererbungsprozeß bezieht sich aber nicht nur auf die Anlagen, die man gewöhnt ist, als „physische", sondern ebensowohl auf die, die der alte Dualismus von jenen getrennt, als „psychische", als „Seelen= und Geistesanlagen" zu bezeichnen pflegt. Für uns besteht diese Trennung nicht mehr, die sogenannte „Seele" ist vielmehr keine „Seele an sich", kein Ding, das eine unabhängige Existenz hat, sondern nur eine Eigenschaft des speziellen Körpers, insbesondere wohl — das ist Sache der Physiologie! — des Nervensystems oder Gehirnes. Aber die Vererbung der Anlage der geistigen Fähigkeiten als Eigenschaften der physischen Körperbeschaffen= heit ist eine Thatsache, und auf dieser Thatsache beruht unsere Auffassung vom Wesen der Sittlichkeit.

Im Kampfe um's Dasein wird derjenige Mensch den besten Erfolg haben, — Erfolg haben heißt in unserem Sinne zur Fortpflanzung gelangen, denn der spätere Tod des Individuums ist uns gleichgültig, sobald die Fortdauer seiner Art, seines Blutes gesichert ist! — der sich den Lebensbedingungen seiner Umgebung am besten anpaßt, dadurch seine Mitbewerber im Kampfe um's Dasein überwindet, besiegt, schlägt oder verdrängt. Dadurch, daß er dieses, in welcher Weise immer! thut, bildet sich bei ihm die geistige und physische Fähigkeit, die zu diesem erfolgreichen Kampfe um's Dasein nothwendig ist, immer besser und besser aus, und die Anlagen dieser besseren Fähigkeiten werden jeder folgenden Generation immer weiter vererbt. In der Reihenfolge der Generationen bildet sich dadurch bei den jeweils existirenden Individuen die Gewohnheit aus, die ererbten Anlagen, die eben die sind, die sich bei der unendlich langen Vorfahrenreihe im Kampfe um die Existenz als erfolgreich bewährt haben, — wären sie es nicht gewesen, dann existirte das jeweilige Individuum nicht! — wiederum praktisch im Kampfe um die Existenz zu gebrauchen. Diese Gewohnheit, die wir bei den Thieren In= stinkt nennen, wird bei dem Menschen zur Sittlichkeit. Zum Bewußtsein des Menschen gelangt sie aber erst durch die Gesel= ligkeit und zwar ist der Hergang dieses Prozesses der folgende:

Ob der einzelne Mensch im Urbeginn seiner Menschentwickelung jemals, wie es beispielsweise die Katzenraubthiere thun, als Einzelindividuum nur mit seiner Familie zusammengelebt habe, wissen wir nicht genau und werden wir später andeuten. Geschichtlich treffen wir ihn auf der Stufe der Entwickelung schon allerwärts im Zustande der Geselligkeit mit seinesgleichen, in Horden, Sippen, Stämmen u. s. w. Die Horde hat also das Einzelindividuum im Kampfe um die Existenz schon vor den Anfängen der uns bekannten Geschichte geschlagen. Im Geselligkeitszustande äußert sich das Naturgesetz des Kampfes um die Existenz nun auf eine zwiefache Weise. Einmal im Kampfe der einen Horde gegen äußere Feinde, mit denen sie in Berührung kommt. Dieser Kampf hat zum Kampfobjekt den Besitz des Bodens, auf dem die Horde ihre Existenzmittel findet, der ihr — um die modern = liberale Phraseologie zu gebrauchen: das „Recht zum Leben" gewährt. Dieses „Recht zum Leben" ist also nicht ein dem Menschen von selbst in den geöffneten Mund fallendes Göttergeschenk, wie die liberale Phrase zu lügen sich erdreistet, sondern muß naturgemäß fortwährend erkämpft und vertheidigt werden, und zwar einzig und allein durch die absolute Gewalt des Krieges, sintemalen es der Naturgewalt ganz gleichgültig, ob diese oder jene Horde von Menschen, ja sogar ob Mensch oder irgend eine beliebige Thiergattung auf diesem oder jenem Erdfleck ihren Lebens=Unterhalt sucht. Ohne Krieg und Eroberung giebt es keinen Besitz in Grund und Boden, und das durch den Krieg erworbene Recht ist der einzig mögliche Grundeigenthumstitel, der in dieser Welt zu haben ist.

Durch die Aktion der Horden gegen äußere Feinde ist aber der Kampf um's Dasein nicht erschöpft. Er wüthet vielmehr im Innern der Horde unaufhörlich weiter, hier aber nur durch friedlichen Wetterwerb. Denn würde er auch hier durch Krieg geführt werden, so würde die Horde eben keine

Horde, b. h. keine Genossenschaft zur gemeinsamen Vertheidigung des Grund und Bodens sein, sondern sie würde in Unterabtheilungen zerfallen, die, soweit sie zu dem eben benannten Zwecke unter sich zusammenhielten, die wahren Horden wären. Die Grenze der Horde wird eben durch das gemeinsame Zusammenstehen der unter sich im friedlichen Verkehr befindlichen Individuen bestimmt. Nun ist es klar, daß, wenn dieser friedliche Verkehr innerhalb der Horde bestehen soll, für denselben gewisse Regeln gelten müssen, durch deren Befolgung seitens der Einzelindividuen der Friedenszustand, damit die Organisation der Horde, und damit ihre Existenz-Möglichkeit gegen die fortwährenden Angriffe äußerer Feinde geführt wird. Diese Regeln des Benehmens der einzelnen Mitglieder der Horde gegen einander in allen Wechselfällen ihres Daseins, sind eben die „Sitten"; und die Gewohnheit ihrer Beobachtung die „Sittlichkeit" der Horde. Diese Regeln sind nun keine zufälligen, willkürlichen, von einem beliebigen Individuum frei und philosophisch erfundenen, und von der Horde aus freiem Entschluß angenommenen; sondern vielmehr Regeln, deren praktische Zweckmäßigkeit für die Erhaltung der Horde, für den Bestand des friedlichen Verkehrs innerhalb derselben und für den kriegerischen Erfolg gegen außen, durch die Erfahrung bewiesen worden ist. Es kann keine Horde existiren, bei der das nicht der Fall ist, denn jede Horde, die es sich zu irgend einer Zeit einfallen ließ, an Stelle der so bewährten überlieferten Sittlichkeit eine von einem in ihr auftauchenden Tyrannen, Philosophen oder Schwatzbruder neu erfundene Sittlichkeit anzunehmen, die in dieser Hinsicht — Zweckmäßigkeit für die Führung des Kampfes um's Dasein — mangelhaft war, ist eben schon aus diesem Grunde im Kampfe um's Dasein unterlegen und vernichtet worden. Dieser Prozeß der Vernichtung der weniger kampffähigen Horden geht in der Geschichte ununterbrochen vor sich. Paßte die neue Erfindung im Gebiete der Sittlichkeit nicht für den friedlichen Verkehr der Horde, der Verkehr ihrer Individuen unter sich, nun so wurde die Horde durch ihre Annahme desorganisirt „demoralisirt", ihr Verband, ihre Disziplin gelockert, und sie löste sich entweder in inneren Zwistigkeiten auf; oder wurde in diesem Zustande mangelhafter Disziplin von einer feindlichen Horde überfallen, besiegt und ausgerottet. Paßte die neue Erfindung dagegen nicht für den kriegerischen Verkehr, verringerte sie die kriegerische Tüchtigkeit der Horde, nun so mußte diese eben den Angriffen äußerer Feinde erliegen.

Es kann also zu keiner Zeit eine Horde existiren, deren überlieferte Sittlichkeit nicht eine bis dahin zweckmäßige, also gute gewesen ist. Damit ist aber durchaus nicht gesagt, daß dieselbe immer eine oder die einzige zweckmäßig gute sein wird. Denn abgesehen davon, daß die Lebensumstände selbst, soweit sie von den äußern Naturumgebungen der Horde abhängig sind, sich verändern, ist der Mensch selber bekanntlich ein sogenanntes vernünftiges, ein denkendes Thier, das bald auf diesen bald auf jenen Einfall geräth, durch dessen Ausführung es sich sein Leben bequemer und besser zu gestalten sucht. Unter diesen Einfällen sind gewiß viele herzlich schlecht, und durch die Annahme solcher Erfindungen als Verbesserungen ihrer Sittlichkeit kann, wie wir eben ausgeführt haben, eine Horde zum Untergange gebracht werden; andere aber sind möglicherweise gut, d. h. sie mögen im Stande sein, auf irgend eine Weise die Macht der Horde zu steigern. Das Resultat ist, daß die Horde, die sich einer solchen Erfindung bedient, ihre Nachbarhorden, die noch auf dem alten Standpunkt stehen, besiegen und, insoweit diese nicht schleunigst durch eine entsprechende Verbesserung ihres eigenen Verfahrens das Gleichgewicht der Macht wieder herzustellen im Stande sind — vernichten wird. In Folge dieser Thatsache, die ununterbrochen wirkt, ist der Sittlichkeitsbegriff eines jeden Volksstammes fortwährenden Veränderungen unterworfen, die sich den jeweiligen Lebensbedingungen und der jeweiligen Wissenschaft anpassen. Veränderungen gehen aber nur insofern in den Sittlichkeitsbegriff des Volksstammes über, als sie sich während einer Reihe von aufeinanderfolgenden Generationen bewährt haben, einer Reihe, die lang genug war, daß sich durch Vererbung der Geistesanlagen eben schon der natürliche Hang zu einer gewissen, von der der früheren Epoche verschiedenen, allgemein gebräuchlichen Handlungsweise ausbilden konnte. Eine schnelle und plötzliche Veränderung des Sittlichkeitsbegriffes ist deshalb unmöglich.

Ein anderes Ergebniß dieser Betrachtung ist das, daß es verschiedene Sittlichkeitsgefühle von verschiedener Tiefe geben muß, nämlich solche, die sich als das Resultat der allgemeinen Erfahrung einer unendlichen Reihe von Vorfahren ergeben, und solche, die erst im Laufe der Zeit erworben, das Resultat einer mehr oder minder beschränkten Erfahrung einer größeren oder geringeren Anzahl von Vorfahrengenerationen sind. Eine Analyse dieser Gefühle in dieser Hinsicht zu geben, das wäre ein Unternehmen, zu dem wir hier weder Zeit noch Raum haben (in der That eine Ersetzung des bislang gebräuchlich gewesenen „philosophischen" Gewäsches durch eine wissenschaftliche Völkerpsychologie).

II.

Der Rassen-Charakter der Sittlichkeit.

Gleichviel wie sie entstanden, in irgend einer fernen Urzeit haben die Vorfahren der heutigen Menschheit an irgend einem Punkte des Erdballs als verhältnißmäßig unter sich gleiche, zweibeinige und zweiarmige Wesen gelebt, und sind im Stande gewesen, ihre Existenz zu behaupten, ihre Art fortzupflanzen und sich zu vermehren. Mit der Vermehrung breiteten sie sich aus, allmälig bis zu den Grenzen des zu Fuß erreichbaren Landes, soweit ihnen dasselbe hinreichend Nahrungsmittel zur Fristung ihres Daseins liefern konnte. War der Urkontinent, auf dem sich der Mensch zuerst befand, ein großer, etwa so ausgedehnt, wie die jetzige sogenannte „alte Welt", so mochten sich in Folge des Unterschiedes der Klimate, der Lokalverhältnisse und Lebensbedingungen im Laufe der Zeit schon dort Unterschiede zwischen den in weiter Entfernung von einander wohnenden Menschen entwickeln. Da es aber keine Grenze gab, die der geschlechtlichen Vermischung eine Schranke setzen konnte, so vermischten sich dieselben wieder fortwährend, und es entstand eine Art „schattirter Homogeneïtät",*) wie sie z. B. auf dem amerikanischen Kontinent zur Zeit der Entdeckung vorgefunden wurde. Die Entwickelung von Rassen-Unterschieden, die sich scharf abgrenzen, war aber so lange unmöglich.

Die Erdgeschichte gewährt Gründe zu glauben, daß der Erdball Umwälzungen ausgesetzt ist, die die Vertheilung von Land und Wasser wesentlich ändern. Diese Erd-Revolutionen scheinen zwar niemals, wie Cuvier einst voraussetzte, das gesammte organische Leben auf der Erde vernichtet zu haben; nichts aber widerspricht der Annahme, daß sie, wenn nicht Alles, doch jedesmal einen größeren oder geringeren Bruchtheil, dann und wann vielleicht die Mehrheit der lebenden Wesen vernichtet haben mögen. Denn wenn beispielsweise bei einer solchen Katastrophe auch nur ein Prozent der etwa schon lebenden Menschheit dem Tode entronnen wäre, so ist die Vermehrungsfähigkeit der Menschen doch so groß, daß unter absolut günstigen Ernährungsverhältnissen dieser geringe Rest in nur zwei Jahrhunderten

---

*) Kosmos 1879 Band II Seite 141—154 u. 241—259 habe ich diesen Gegenstand mit den für ihn sprechenden Gründen des Weiteren auseinandergesetzt in dem Aufsatze: „Ein Wendepunkt in der Entwickelung des Menschengeschlechts."

schon bis zur vollen Anzahl der gewesenen hundert Prozent wieder anwachsen konnte. Es ist gleichgültig, ob dies jemals wirklich in zweihundert oder auch in zweitausend Jahren vor sich ging; wir wollen hier nur auf die nicht außer der Gewalt der Naturkräfte liegende Möglichkeit verweisen! —

Trat eine solche Katastrophe zur Zeit der Existenz des Urmenschen wirklich ein, zerriß sie den Kontinent, auf dem seine Art, bisher im Zusammenhange der Möglichkeit eines geschlechtlichen Verkehrs gelebt hatte; und ließ sie auf jedem der Bruchtheile· des alten Festlandes, von denen sich der Eine oder der Andere möglicherweise durch eine neuentstandene Verbindung mit noch von Menschen unbewohnt gewesenen Ländern zu einem neuen großen Kontinente ausbildete, einige zeugungsfähige Individuen der alten Bevölkerung lebend, so waren mit einem Schlage die Bedingungen zur Rassenbildung gegeben. Denn auf jedem nun bestehenden Festlande entwickelten sich die Nachkommen der dort lebenden Individuen den lokalen und klimatischen Verhältnissen entsprechend, die auf jedem Festlande andere waren. Die Verschiedenheiten der Kontinente, auf denen sie wohnten, mußten sich allmälig in einer Verschiedenartigkeit der Eigenschaften der Bevölkerungen ausdrücken, die im Laufe der Jahrtausende, in denen die Abgrenzung von Land und Meer dieselbe blieb, zu erblichen Besonderheiten wurden. Diese erblichen Besonderheiten der Menschen sind eben die Rassen-Unterschiede.

Beispielsweise mochte sich auf einem Bruchtheil des Urfestlandes eine im Verhältniß zu seiner Ausdehnung bedeutende Bevölkerung gerettet haben; es mochten sich zu gleicher Zeit oder allmälig auf diesem neuen Festlande die klimatischen Bedingungen verändern oder verschlechtern,[*]) die Leichtigkeit der Erringung von Lebensmitteln fortwährend

---

[*]) Kosmos. Bd. II S. 241—244.

abnehmen. Die unvermeidliche Folge war: eine energischere Anspannung der Kräfte des Menschen im Kampfe um's Dasein; eine schonungslosere Vertilgung der Schwächeren; folglich entschiedener ausgeprägtes Ueberleben der Tüchtigeren. Kraft, Muth, Intelligenz der Rasse mußte sich unter solchen Umständen bedeutend heben. Es entwickelte sich die Gewohnheit und im langen Laufe der aufeinanderfolgenden Geschlechter wurde sie zum Sittengesetz des Angriffsmuthes.

Auf einem anderen der neuen Festländer war das Entgegengesetzte der Fall; die ursprüngliche Bevölkerung sehr gering; das Klima der Erzeugung von Nahrungsmitteln an sich schon günstig, verbesserte sich noch im Laufe der Zeit. Unter solchen Umständen war, wenigstens für eine längere Reihe von Generationen, gar keine bringende Nothwendigkeit des Kampfes um's Dasein für die Menschen vorhanden; sie konnten sich einander ausweichen; ja sie gewöhnten sich vielleicht sogar daran, den mächtigen Thieren, die ihnen feindlich waren, aus dem Wege zu gehen, anstatt sie, wie jene erste Rasse, zu bekämpfen und zu vernichten. Unter solchen Umständen fand die Auslese der Tüchtigen zum Zwecke des Ueberlebens nur im geringsten Maaße statt; das Entrinnen vor den die Existenz bedrohenden Feinden wurde zur Gewohnheit; der Erfolg dieser Art der Lebenserhaltung hing mehr vom Zufall ab; der Zufall war höchstens dem Wachsameren und Furchtsameren günstig, der zuerst davonlief, während der Trägere, weniger leicht Erregbare, zurückblieb und den Bären oder Tigern zum Opfer fiel. Ein Emporsteigen der Art in den aktiven Fähigkeiten, in physischer Kraft, in Muth, in erfinderischer Intelligenz, fand hier nicht statt, es konnte sich aber eine Art lauernder, wachsamer, leicht erregbarer Intelligenz entwickeln.

Bei diesem Hergange mußte auch ein ganz anderes Sittengesetz entstehen. Die zur erblichen Gewohnheit werdende Erhaltung des Lebens durch Ausweichen vor der Gefahr machte Feigheit zum Fundamente dieser Sittlichkeit;

die Entwöhnung vom aktiven Widerstande machte diesen selbst hoffnungslos für das Einzelindividuum.

Die Opferung eines Individuums zum Zwecke der Unschädlichmachung des Angreifers wurde als naturnothwendig angesehen, jeder mußte sich mit dem Gedanken eines solchen Endes vertraut machen, und der flüchtige Wettlauf hatte, im Grunde genommen, nur den Zweck, zu bestimmen, welches Individuum der Heerde das gegenwärtige Opfer sein sollte, dessen Unterliegen den Anderen sogar für diesmal Sicherheit brachte. Es ergab sich hieraus eine Gleichgültigkeit des Einzelindividuums sowohl betreffs der Fortdauer des Lebens irgend eines Anderen, als sogar seines eigenen; ein Mangel an Mitgefühl, wenigstens von der Art, die zur thätigen Hilfe im wirklichen Kampfe hinneigt, eine Unempfindlichkeit gegen alle die Schläge des Schicksals, denen man nicht durch Davonlaufen entrinnen konnte.

Bei einer solchen Menschenart wird sich keine Privatehe mit ihrem Gefühl für eheliche Treue und absoluter Hingebung des Weibes an das bestimmte männliche Individuum entwickeln, sondern vielmehr eine Heerdengemeinschaftlichkeit. Denn da von vornherein Lebensmittel im Ueberfluß da waren, entstand eine Konkurrenz der Einzelindividuen betreffs dieser vorläufig nicht; in Folge dessen auch kein Anspruch auf Ausschließlichkeit des — „Grundbesitzes", so zu sagen, sondern, wie die Einzelindividuen sich gerade begegneten und zusammentrafen, so theilten sie einander von dem Ueberflusse der vorhandenen Lebensmittel mit. Sie blieben in größeren Heerden zusammen, weil die einzige aktive Pflicht zur Erhaltung ihres Daseins, die nervöse Wachsamkeit gegen die Anfälle der wilden Thiere, von der Heerde leichter, als vom Einzelindividuum erfüllt werden konnte, und weil die Heerde den Verlust eines Einzelindividuums verschmerzen konnte, während dies einer etwa sich vorfindenden Einzelfamilie als Familie gleich ein Ende gemacht hätte. Wenn nun auch später, nachdem das Festland sich mit Menschen bis zur

Grenze der vorhandenen Nahrungsmittel gefüllt hatte, ein Kampf unter den Menschen selbst nothwendig wurde, so hatte sich eben schon die Gewohnheit des Heerdenlebens sowohl, als der Grundsatz der Feigheit, das Ausweichen vor jedem dargebotenen Kampfe, soweit festgesetzt, daß derselbe sich wesentlich nur aus zufälligen Begegnungen der Horden entwickelte. Diese suchen sich zunächst zu überschreien, und im Geschrei wohl zweierlei festzustellen. Einmal, ob die Nothwendigkeit eines Kampfes überhaupt vorliegt, denn verfügen beide über einen Ueberfluß an Nahrungsmitteln, so vereinigen sie sich wohl zu einer gemeinschaftlichen Fresserei. Ist aber das Gegentheil der Fall, so ergiebt der Lärm des Geschreis, welche Horde die stärkere ist, die schwächere nimmt alsbald Reißaus und alle von ihr zurückgelassenen Flüchtlinge, die in die Hände der stärkeren Horde fallen, werden todtgeschlagen oder aufgefressen.

War diese Rasse nicht im Stande, im aktiven Kampfe den großen Raubthieren die Spitze zu bieten, so spricht die Wahrscheinlichkeit sogar dafür, daß sich zwischen ihnen und der Zahl der sich von ihnen nährenden Raubthiere ein Verhältniß entwickelte, das der Vermehrung der Menschen bis zur Hungergrenze von vornherein Schranken setzte.

In diesem Falle entstand ein Kampf der Menschen unter einander überhaupt nicht, und alle die geistigen und physischen Eigenschaften, die in solchem Kampfe den Sieg verbürgen, entwickelten sich nicht nur nicht; sondern verschwanden sogar, soweit sie etwa schon in einer früheren geologischen Epoche vorhanden gewesen waren.

Ein fortwährendes Herumflüchten der jeweilig schwächeren Horde, und daher ein Mangel dauernder Wohnsitze oder Aufenthaltsorte ist der Zustand dieser Menschheit. Ein Keuschheitsbegriff entwickelte sich unter diesen Umständen überhaupt nicht; das Weib gab sich vielmehr ohne Unterschied jedem Manne preis, daher vollkommen freier Umgang der Geschlechter seit frühester Jugend, einzig die Mutterliebe blieb bestehen, da die Mutter eben auf der Flucht ihr Kind mit sich führen mußte. Der frühe Geschlechtsumgang mußte eine weitere Verschwächung und Verkleinerung der Individuen bedingen, der nur durch die zum erfolgreichsten Davonlaufen nöthige physische Fähigkeit eine Schranke fand.

Dies die Moral, die sich auf der Basis der „Feigheit" aufbaut. Es giebt zwei konkrete Thatsachen, die uns zwingen einen solchen Unterschied zwischen einer Rasse, deren Lebensbedingung Muth und der Angriff im Kampfe ums Dasein; einer anderen Rasse, deren Lebensbedingung „Feigheit" und Geschicktheit des Ausweichens vor offenem Kampfe, als wirklich in urgeschichtlichen Zeiten entstanden anzunehmen. Es existirt ein solcher Unterschied zwischen muthigen aktiven Geschlechtern und zwischen feigen passiven Geschlechtern schon im Thierreiche. Das Katzengeschlecht auf der einen, der Hase, die Antilopenarten auf der anderen Seite sind die entschiedensten Beispiele. Die vollkommensten Vertreter desselben Gegensatzes im Menschengeschlechte sind einerseits die alten Germanen, deren ganze Existenz und Sittlichkeit auf der Basis des Angriffsmuthes sich aufbaute; andererseits Mongolen und Chinesen, am meisten die indochinesischen Völker, die die Erhaltung ihres Daseins nur ihrer Feigheit, ihrer Passivität gegen jede Form und jede Wirkung des offenen Kampfes zu verdanken haben. Zwischen diesen beiden Extremen giebt es alle möglichen Abstufungen, die an der graden Linie von Canton in Südchina bis Hamburg in Europa, und in modernster Zeit darüber hinaus bis in die Felsengebirge Nordamerikas anschaulich aufgereiht erscheinen.

Wie ihr Dasein zu erklären, davon später. Vorläufig müssen wir noch einschalten, daß außer diesen beiden ausgeprägt einander gegenüberstehenden Typen menschlichen Charakters noch ein dritter entschiedener Rassentypus sich vorfindet. Es ist dies der Negertypus. Es giebt Leute, die diesen Typus als den der Urform der Menschheit überhaupt am nächsten stehenden betrachten. Es existirt kein

Grund, ihnen zu widersprechen. Dieser Typus besitzt Anlagen zu beiden obigen Charakteren. Er entwickelt unter Umständen rückhaltslosen Muth, unter Umständen ebenso rücksichtslose Feigheit. Seine Eigenthümlichkeit besteht darin, daß diese zwei so entgegengesetzte Züge ganz urplötzlich, ja mitunter anscheinend ohne jede Ursache in einander umschlagen. Eine Negertruppe, die in einem Augenblicke noch wie eine Heerde Löwen zum Angriff stürmte, ist, durch irgend ein auch an sich wirkungsloses Ereigniß veranlaßt, im Stande, schon im nächsten Augenblicke wie eine Heerde Hasen davonzulaufen. Will man diesen Charakter bezeichnen, so muß man ihn als die absolute Unzuverlässigkeit hinstellen, die nur von augenblicklichen Eingebungen des Gefühls und der Leidenschaft beherrscht wird. Man kann sagen, daß Verstand, der eine gewisse Beständigkeit der Gefühle voraussetzt, bei dieser Menschart noch nicht existirt. Die Sittlichkeitslehre einer solchen Rasse zu entwickeln, wäre ein schwieriges Kunststück, das wir den deutschen Philosophen zur Uebung empfehlen. Man kann sagen, der Neger habe Anlagen zu jeder Art Sittlichkeit, aber da es ihm an Konsequenz fehlt, ist eben noch keine Sittlichkeit daraus geworden. Er ist der reine Zufallsmensch, und wenn er seine Existenz behauptet, so verdankt er das offenbar einem Klima, das alle anderen Rassen schneller mordet, als sie sich ihm anbequemen können.

So ausgeprägt wie die Unterschiede des sittlichen Charakters dieser drei Rassen, sind auch ihre physischen Eigenschaften verschiedene. Die schwarze Rasse der Neger hat tiefdunkle Hautfarbe, wolliges schwarzes Haar, die bekannte Negerphysiognomie und eine affenähnliche Länge der Glieder; die braungelbe Rasse, der Chinese, hat schwarzes straffes Haar, gelbbraune Hautfarbe, schiefgeschlitzte Augen; die blonde Rasse, der Urgermane dagegen, durchschnittlich wohl einen Fuß größer von Statur als der Südchinese, blondes, weiches lockiges Kopf- und Barthaar und blaue Augen.

Gleichviel, ob der Prozeß der Rassenbildung, die Entwickelung und erbliche Feststellung ihrer Unterschiede sich grade so vollzogen hat, wie wir es hier vermuthen, oder in irgend einer anderen Weise, das Bestehen dieser drei scharf unterschiedenen Haupttypen der Menschheit ist eine geschichtliche und heute noch offenkundig wahrnehmbare Thatsache. Es ist damit nicht gesagt, daß nicht noch andere Rassen, eigenthümliche Abarten der Menschheit sich gebildet haben, wie z. B. die Urbevölkerung des australischen Festlandes, die Dravidas Südindiens, die Urbevölkerung Arabiens, die Urbevölkerung Amerika's solche Rassen gewesen sein mögen, aber obwohl diese in einigen physischen Charakteren, sowohl als in Sprache Eigenthümlichkeiten zeigen, kann man ihnen doch bestimmt abgegrenzte, von diesen drei Typen verschiedene sittliche kaum zuerkennen. Jedenfalls hat ihre besondere Entwickelung auf die allgemeine Entwickelung der Menschheitsgeschichte nicht den Einfluß jener drei Haupttypen ausgeübt.

Von diesen drei Rassen interessirt uns nun ganz besonders die eine, deren Typus die alten Germanen waren, und deren Sittlichkeit sich auf der Grundlage des Angriffsmuthes aufgebaut hat. Die Art und Weise dieser Sittlichkeit müssen wir noch etwas weiter verfolgen.

So lange der freie Mensch als „Einziger mit seinem Eigenthum" gänzlich unabhängig lebt, giebt es für ihn keine andere Sittlichkeit, als die der größtmöglichsten Erhaltung seiner Kraft, der Steigerung seiner Geschicklichkeit im Kampf und der höchsten Entfaltung seines Muthes, der ihn befähigt die Rolle der Offensive und also deren Vortheil zu genießen. Allerdings kann sich dieser Muth nur da entwickeln, wo er von vornherein eine gewisse Aussicht auf Erfolg hat. Halten wir uns aber an die sehr wahrscheinliche Annahme, daß die heutige Negerrasse dem Urtypus der Menschheit am nächsten steht, so besaßen die diesem Urtypus noch angehörigen Vorfahren der blonden Rasse von vornherein eine Widerstandsfähigkeit gegen die großen Raubthiere, die nicht ohne

Aussicht auf Erfolg war. Besondere Umstände ihrer Lage, deren wahrscheinliche Natur wir schon angedeutet, zwangen sie, ihre Kräfte zur Erhaltung ihres Daseins im Angriffswege geltend zu machen. Der Angreifer ist im Stande für den bevorstehenden Kampf, Zeit, Ort und Stellung so zu wählen, wie es ihm paßt, und die sich aus der Wahl ergebenden Vortheile im Kampfe, die in der Regel nicht unerheblich sind, zu genießen. Die Eigenschaften des Angriffsmuthes werden sich also in der Reihenfolge der Nachkommen immer schärfer und schärfer herausbilden. Eine der ersten Folgen des Angriffsmuthes ist eine Gewöhnung an eine feste Heimath. Sie entwickelt sich dadurch, daß das im Angriff gegen die Feinde seiner Umgebung erfolgreiche Individuum nicht nöthig hat, wie das besiegte, nicht widerstandsfähige, flüchtige Individuum, seine Lagerstätte zu wechseln. Es ist aber selbstverständlich, daß sobald die Macht der Behauptung derselben Lagerstätte vorhanden ist, kein Mensch, ja nicht einmal ein Thier, das Nest, das er sich doch mit einer gewissen Mühe zurecht gemacht hat, ohne Weiteres oder ohne besondere Gründe aufgeben wird. Vielmehr behauptet er es. Dadurch aber ist er gezwungen, seinen Lebensunterhalt der Umgebung seines Aufenthaltsortes zu entnehmen. Es folgt daraus wieder, daß er sich zum unbeschränkten Herrn dieser Umgebung, seines Jagdgrundes zu machen, und alle Konkurrenten in die Flucht zu schlagen sucht. Hierdurch entwickelt sich durch das Erblichwerden der Gewohnheit ein sehr bemerkenswerther Charakterzug, die Gewohnheit des Herrschens auf einem bestimmten Gebiete, kurz, um es modern auszudrücken: des Privateigenthums im Grund und Boden. Diese Annahme scheint uns die sonst sehr seltsame Uebereinstimmung des Charakters der Germanen und der Urbevölkerung Neuhollands zu erklären. Beide haben einen ausgesprochenen Sinn für Privateigenthum in Grund und Boden. Der Neuholländer ist aber in anderen Beziehungen der am tiefsten stehende Mensch. Auf seinem

Festlande aber war er dennoch von jeher das herrschende — Thiergeschlecht, weil dort die großen Katzenraubthiere nicht existirten. Er hatte nicht nöthig, auf der Flucht zu leben, und nahm in Folge dessen, grade wie der Urmensch höherer Gattung, der auf dem großen Festlande eine sichere Ueberlegenheit gegen die großen Raubthiere besaß, von dem die Germanen abstammen, Privatbesitz von Grund und Boden.

Es entwickelt sich in Folge dessen auch die Einzelfamilie. Das Einzelindividuum hat überhaupt keine „sittliche", sondern nur eine Zufallsexistenz. Die sittliche Existenz beginnt eben erst da, wo das Einzelindividuum in Verhältnissen lebt, die die Fortdauer, die „Ewigkeit" seiner Eigenschaften durch Erzeugung von Nachkommenschaft ermöglichen. Das sittliche Individuum ist demnach schon kein „Individuum an sich", sondern besteht mindestens aus drei solchen Individuen, nämlich aus Mann, Weib und Kind. Und seine Fortdauer ist nur dadurch gesichert, daß zwischen diesen drei physisch ja getrennten Individuen keine Trennung der Interessen stattfindet. Es entwickelt sich also hier der Ehebegriff in seiner ganzen Ausdehnung und Strenge. Seine Züge sind: eheliche Treue, die sich beim Manne in der fortwährenden Pflicht der Beschützung der Familie, sowie des Grundbesitzes äußern muß, beim Weibe dagegen in der ununterbrochenen Aufmerksamkeit, Pflege und Befriedigung der physischen Bedürfnisse des Mannes und Kindes ihre Aufgabe findet. Die in dieser Hinsicht das Meiste leistende Familie ist das sittliche Individuum, das die beste Aussicht auf ewiges Leben, d. h. auf den fortwährenden Sieg ihrer aufeinanderfolgenden Generationen im Kampfe um's Dasein hat.

Es folgt, daß die „Liebe" der Eltern zu den Kindern eine unerläßliche sittliche Pflicht, wenigstens soweit, bis das Kind zum Manne gereift, der vollständig tüchtig geworden, in eigner Person den Kampf um's Dasein siegreich zu bestehen. Nicht so selbstverständlich ist die Kindespflicht gegen die Eltern. Die Existenz der Art, die Lebensfähigkeit des sittlichen Individuums könnte vielmehr schon durch die bloße Erfüllung der Elternpflicht als gesichert angesehen werden. Aber ein unbedingter Gehorsam der Kinder gegen die unbeschränkte väterliche Gewalt, von der ihre Existenz bis zu ihrer Mündigkeit abhängt, ist unerläßliches Erforderniß, wird deshalb immer persönliche, und durch Vererbung in der Reihenfolge der Geschlechter, sittliche Gewohnheit. Der Absolutismus der väterlichen Gewalt ist also sittlich nur durch das Vatergefühl beschränkt, das sich in der erblichen Folge der Generation als Interesse des Vaters für die gesunde und kräftige Aufbringung der Kinder zu kampf= fähigen Menschen darstellt. Die Aufbringung von Kindern dagegen, die nicht kampffähig werden können, also von Krüppeln, Idioten u. dgl., wäre nicht nur keine Stärkung, sondern eine Schwächung der Familie. Würde eine freie Familie es sich einfallen lassen, solche Kinder mit vielem Aufwande aufzuziehen und zu ernähren, während eine Nachbarsfamilie die Praxis annahm, solche Kinder, wenn in die Welt geboren oder sobald ihre Fehler offenkundig, so= gleich dem Tode zu weihen, so unterliegt es gar keinem Zweifel, daß diese letztere Familie die erstere im Kampfe ums Dasein besiegen und ausrotten wird. Die Aufzucht solcher Kinder ist vom Freiheitsstandpunkte demnach als entschieden „unsittlich" zu bezeichnen.

Die Kindesliebe möchten wir also einfach als Fort= dauer der Gewohnheit des im Kindes= und Jugendalter unentbehrlichen Gehorsams erklären. Im entwickelten Alter ist sie demnach mehr mechanischer, als wirklich „sittlicher" Natur, und unter Umständen hört sie „sittlicherweise" auf. Sobald die erwachsene Tochter selbst in die Ehe tritt, ge= hört ihre sittliche Pflicht ihrem Manne und ihren Kindern, und im Falle eines Konfliktes dieser sittlichen Pflicht mit der Kindesliebe hat die letztere unbedingt zu weichen. Der erwachsene Sohn dagegen, der die Existenz der Familie an

der ererbten Nährstelle fortpflanzt, kann ebenfalls in diese
Lage kommen, sobald die Ernährung der leistungsunfähig
gewordenen Eltern es ihm unmöglich machen würde, die
gesunde Existenz seiner eigenen Kinder zu sichern. In
diesem Falle müssen die Eltern Platz räumen, ihr „Recht
zu leben" hat sittlich aufgehört.

Nicht so klar ist die Ableitung eines anderen, des
Gesetzes der Blutschande. Man hat die Annahme aufge=
stellt, daß geschlechtlicher Verkehr zwischen den eigensten
Familienangehörigen eine Vererbung einseitiger Eigenschaften
begünstige, die, allmälig immer krasser hervortretend, mög=
licherweise — die Theorie ist noch niemals recht klar durch=
dacht worden — eine absolute Unfähigkeit der Anpassung
an etwa veränderte Verhältnisse und also beim Eintreten
der letzteren den Untergang des Geschlechts herbeiführe. Ob
diese Theorie richtig oder nicht, wissen wir nicht, da ein
Beweis nicht geliefert worden. Man will auch Abnahme
der Fruchtbarkeit, eine Häufigkeit von physischen oder
geistigen Krüppeln und Mißgeburten bei Ehen
zwischen Blutsverwandten bemerkt haben. Ich möchte
die Ansicht aussprechen, daß die Freigebung des geschlecht=
lichen Umganges zwischen Blutsverwandten einen allge=
meinen Schwächezustand des betreffenden Familienstammes
zur Folge haben würde, der einfach durch allzufreie und
allzuhäufige Befriedigung des Geschlechtstriebes schon bei der
heranwachsenden Jugend sich ergeben würde. Die von noch
unreifen Mädchen geborenen Kinder würden schon von
vornherein diesen Schwächezustand ererben, während schon
die große Anzahl solcher Geburten eine unerträgliche Ernäh=
rungslast auf die Familie werfen würde. Diejenige Kraft
des Mannesalters, die unbedingt nöthig ist, um den Kampf
um's Dasein mit Erfolg zu führen, würde sich nicht ent=
wickeln, und ihre Mangelhaftigkeit führte zur Vernichtung
der Familien, die die geschlechtliche Mischung unter sich ge=
statteten, und also zum Erwachsen des sittlichen Gesetzes der

Blutschande sowohl, als der Keuschheit der Jünglinge und Jungfrauen.

Aus diesem Gesetze aber, wenn aus keinem anderen Grunde, erwuchs die Nothwendigkeit einer Ausdehnung des geselligen Verkehrs über die eigene Familie hinaus. Hier fangen wir an, auf geschichtlichem Grund zu stehen, indem es bestimmte Anzeichen giebt, daß dieser nothwendige Verkehr eine geraume Zeit hindurch noch nicht im Wege der Freundschaft zwischen den freien Einzelfamilien erledigt wurde. Der zum Manne gewordene Jüngling mußte sich vielmehr sein Weib aus der Nachbarfamilie durch Raub, durch gewaltsame Entführung verschaffen. Diese erfolgreich zu vollbringen, war zugleich die beste Probe seiner Tüchtigkeit, den Kampf um's Dasein als freier Mann erfolgreich zu bestehen. Mannigfache noch heute übliche Gebräuche finden nur durch die lange Dauer dieser Gewohnheit ihre Erklärung.

Ob sich im Laufe der Zeit freundschaftlichere, friedliche Beziehung zwischen den Einzelfamilien in Folge der hierdurch entstehenden Schwägerschaften, oder nur in Folge der Vermehrung der Individuenzahl der (siegreichen) Familien ausbilden, wer weiß es? — sicher ist, daß sie sich allmälig herstellten und damit erweiterten sich die Sittlichkeitsbegriffe. Zunächst entstanden solche Verbände nur zwischen Familien, die durch Kriegserfahrung gelernt hatten, daß sie sich gegenseitig kein Terrain abgewinnen konnten. Denn dadurch waren sie dahin gelangt, einen Kampf unter sich als eine unnütze Vergeudung kriegerischer Kraft anzusehen, die sie lieber in den Richtungen ausnützten, in denen sie Eroberungen machen konnten. Es bestand also ein faktischer Friedenszustand zwischen ihnen, b. i. ein Gleichgewichtszustand der kriegerischen Kräfte, der den jungen Leuten auch die günstigste Gelegenheit, ja den Reiz zur Verschwägerung gewährte. Der damit eingeleitete Verkehr vermittelte die Möglichkeit der Unterhandlung zwischen den Familienhäuptern und gipfelte in gemeinsamer Berathung, gemeinsamer Unternehmung vielleicht zu dem Zwecke einem neuen Ehepaare, beiden Familien entsprossen, eine neue Heimstätte zu erobern. So tritt die blutsverwandte Sippe aus gleich kampftüchtigen, gleichberechtigten Familien-Elementen, zusammenhaltend, an Stelle der Vereinzelung der Familienindividuen. Das Innere der Familie bleibt vorläufig den überbrachten Sittengesetzen unterworfen, nur für den Verkehr der Familienhäupter, der freien Wehrmänner unter einander, sowie für die Begründung neuer Familien, die Unterbringung des Ueberschusses der heranwachsenden Anzahl junger Männer müssen neue Regeln festgestellt werden.

Im Verkehr der „freien Männer" unter einander gilt als erstes Erforderniß der „Sittlichkeit" die „Wahrhaftigkeit" in allen ihren Folgen und Formen. Lüge, Unehrlichkeit, Falschheit, Täuschung werden als Bruch des „Friedens", als Kriegs-Erklärung angesehen und gerächt, denn Täuschung ist ein Mittel im „Kampfe um's Dasein" gegen den Feind, und als solches zu jeder Zeit im Kampfe anwendbar und berechtigt. Ein „moralischer" Grundsatz, daß die Lüge an sich „unsittlich" sei, ist eine Erfindung der gesellschaftlichen Zeit und hat mit der natürlichen Sittlichkeit freier Männer nichts zu schaffen. Die natürliche freie Gesellschaft bestraft also — im geraden Gegensatze zum modernen Staate — die Lüge und Unehrlichkeit schon an sich auf's Strengste — durch Ausstoßen aus der Gesellschaft, was ziemlich gleichbedeutend mit Todesstrafe ist.*)

---

*) Der unter liberaler Aegide operirende moderne Staat dagegen bildet sich ein, daß man diese Sache dem „freien Spiel der Kräfte" überlassen könne. Die Falschheit der Anschauung beruht eben darauf, daß im Staate ein „freies Spiel der Kräfte" nicht geduldet wird. Will man die Aufrechterhaltung der Ehrlichkeit dem „freien Spiel der Kräfte" überlassen, so darf der Staat dem Belogenen und Betrogenen, der durch ein „freies Spiel seiner Kräfte" im Stande ist, sich Genugthuung zu verschaffen,

Durch die fortwährende Ausrottung der Lügner wird die Gewohnheit, die „Wahrheit zu sprechen", eine erbliche und eingewurzelte, weil sie eben in dem Frieden mit Ihresgleichen, der das Band ihrer Gesellschaft bildet, allgemeine unabweisbare Sitte und Gebrauch, und weil ein mündlicher Verkehr über die Grenze der Friedensgenossenschaft hinaus im Wesentlichen nicht existirt. Die „Treue" im Halten eines gegebenen Wortes ist natürlich nur eine Art dieser Wahrheitsliebe, die kriegerische „Treue" eine sich unter diesen Geselligkeitsverhältnissen entwickelnde neue Form der Sittlichkeit. Denn während früher der Einzelne seine Kämpfe nach den Eingebungen seines Einzelverstandes führte, sein Verhalten demnach ganz nach seinem Belieben einrichten konnte, einem plötzlichen Angriffe z. B. einen ebenso plötzlichen nur in seinem Gehirn motivirten Rückzug folgen lassen konnte, — hatte eine gemeinsame Operation der verbundenen Anzahl von Wehrmännern nur dann Sinn und Aussicht auf Erfolg, wenn Jeder seinen Theil des einmal festgesetzten Planes zuverlässig ohne Weichen und Wanken zur Ausführung brachte. „Unbedingter Gehorsam" im aktiven Kampfe gegen den Ersten im Kriege, den gewählten Führer, den Kriegsfürsten, ist eine Erscheinungsform dieser Treue gegen die Gruppe.

Auch das, was man im engeren Sinne eheliche Treue nennt, nämlich die Beschränkung des Geschlechtsgenusses von

---

nicht mit seiner Polizei in den Weg kommen. Dann allerdings wird die Wahrheitsliebe sich erhalten, weil die Lügner mit der Faust todtgeschlagen werden würden. Da der Staat sich aber das Recht des Todtschlagens allein angemaßt hat, so ist er verpflichtet, Gerechtigkeit auszuüben, die Lüge zu rächen. In einem Staate, der dies, wie der modern-liberale, grundsätzlich unterläßt, wird Wahrhaftigkeit und Ehrlichkeit sich ganz gewiß nicht selbst erhalten, sondern untergehen. Dadurch geht allerdings Wahrhaftigkeit und Ehrlichkeit in der Welt nicht unter. Sie erhält sich, aber wodurch? Indem sie dem Staat, der sie nicht erhalten hat, mit gewaffneter Faust zermalmt! —

Mann und Weib, ist nur ein Theil der gegenseitigen Ehrlichkeit der zum Frieden Verbundenen dieser Gesellschaftsstufe. Denn vorher ergab sich diese Beschränkung thatsächlich aus der Vereinzelung der Familien. Jetzt erst tritt Verkehr zwischen den Familien ein, damit die Möglichkeit des Durchbrechens der alten Gewohnheit, des Ehebruchs. Die Achtung dieser ererbten Gewohnheit wurde natürlich zur Bedingung der gesellschaftlichen Verträglichkeit. Die Erklärung des Umstandes, daß der Mann bei allen Völkern es mit der ehelichen Treue nicht so genau nimmt, möchte ich in den begleitenden Umständen der Kriegsverhältnisse der Urzeit suchen, die wohl regelmäßig die weiblichen Mitglieder einer besiegten und der Ausrottung geweihten Familie der Nothzucht durch die männlichen Sieger unterwarf. Daß dies noch in geschichtlichen Zeiten als selbverständlich betrachtet wurde, beweist die bekannte Erzählung vom Selbstmorde der Weiber der Kimbern nach deren Niederlage.

In jedem Verbande ergeben sich Fälle, in denen die Regeln desselben durchbrochen werden. Ein solches Brechen des Friedens seitens eines Mitgliedes gilt einer Kriegserklärung desselben an den Verband gleich, es erfolgte die Aechtung, die Verjagung in's „Elend", oder die Ausrottung der Familie des Betreffenden. Es treten aber noch Fälle persönlichen Streites zwischen Einzelmitgliedern des Verbandes ein, die an sich keinen Bruch der Regeln desselben bilden. Diese werden als Privatsache der Betreffenden behandelt, um dieselben aber nicht in einen wilden Krieg ausarten zu lassen, der in Folge der Verwandtschaft und Bekanntschaft beider Streitigen leicht eine große Ausdehnung annehmen, und zum Bruche der Gesellschaft führen mochte, wurden gewisse Regeln aufgestellt, gemäß welche ein solcher persönlicher Streit von den Parteien ausgefochten werden mußte. Der Zweck dieser Regeln war zwiefach; einmal die Ausdehnung des Streites über die betroffenen Personen hinaus zu verhindern; zweitens: ihn so balb als möglich endgültig zu entscheiden, und damit die Gefahr eines größere Kreise ergreifenden Friedensbruches von der Gesellschaft abzuwenden. Diese Einrichtung ist das Duell; sein Gesetz der Ehre bestimmt die Form, in welcher der Kampf entschieden werden muß. Wer diese Formen bricht, wird dadurch der geächtete Feind der Gesellschaft selbst, also der vorliegende Streitfall wird unter allen Umständen erledigt, der Friede im Innern der Gesellschaft und damit ihre Vertheidigungskraft gegen Außen erhalten.

III.

Sachse und Schlange.

Eine Seegeschichte der Urzeit.

Für unsere gegenwärtige Betrachtung sind alle älteren Phasen der Land- und Wasservertheilung und Rassenbildung ziemlich gleichgiltig. Das noch erkennbare Hauptergebniß der letzteren haben wir im vorigen Abschnitt geschildert. Wichtig erscheint uns der Umstand, daß wir diejenige Vertheilung von Land und Wasser, sowie der Wohnsitze der angegebenen Hauptrassen mit ziemlicher Sicherheit feststellen können, die vor der letzten Erdumwälzung, also unmittelbar vor der gegenwärtigen Abgrenzung der Festländer bestand. Ihre Wichtigkeit beruht auf der in neuerer Zeit in den Vordergrund getretenen Wahrscheinlichkeit, daß diese letzte Umwälzung erst in geschichtlicher Zeit, vielleicht können wir sogar hinzufügen: vor etwas mehr als viertausend Jahren vor sich gegangen ist.

Der wesentlichste Charakter der nächst vorhergegangenen Epoche, der sogenannten Diluvialzeit, war der, daß die Meere in der nördlichen Breite Europas mindestens um 500 Fuß höher standen als heute. In Folge dessen waren sämmtliche europäischen und nordasiatischen Tiefländer Meeresboden. Das europäische Gebirgsdreieck, der Kaukasus, Parapomisus, der Altai und die Gebirgswelt der Nordgrenze der großen asiatischen Hochlandsregion bildeten die Südufer des damaligen Nordmeeres, aus dem die Gebirgswelt Skandinaviens und das Ural als größere, andere Bergspitzen als kleinere Inseln hervorragten. Diese Gebirgsinseln und Nordränder des damaligen Kontinentes waren mit Gletschereis bedeckt, das ungefähr bis zum 40sten Breitengrade bis zur Tiefe des damaligen Meeresniveaus sich hinunterstreckte. Bis in diese Breite waren also diese Länder für den Menschen unbewohnbar.

Die damalige Verbreitung der Menschenrassen, unterliegt in Bezug auf die schwarze und auch die braungelbe Rasse keinem Zweifel, da ihre Wohnsitze nur an den Meeresküsten geringe Abweichungen von denen der heutigen Neger und Chinesen zeigten. Von den Nebenrassen z. B. Amerikanern, Neuholländern, Papuas, Dravidas dürfte dasselbe gelten. Welcher Rasse die Urbevölkerung der Hochlande Vorderasiens, Arabiens, Nordafrikas und der Gebirgsländer am Mittelmeer zugehörte, und ob sie den Negern, oder den Fellachin Egyptens, oder den alten Colchiern, wie sie Herodot beschreibt, oder den schwarzen Negerstämmen des Himalaya, oder den Dravidas Südindiens am ähnlichsten war, oder ob Verwandte aller dieser Völker dort in, durch Gebirge, Wasser und Wüste im Wesentlichen von einander isolirten Inseln, Thälern oder Oasen ihr Dasein fristeten, das ist heute bei der seit Alters in diesem Gebiete stattgehabten, die kleineren Rasseninividualitäten verwischenden Völkermischung nicht mehr zu erkennen.

Von größerer Wichtigkeit ist die nach der damaligen Heimath der Inhaber des britten ausgeprägten Rassencharakters, der Blonden, der Vorfahren der Urgermanen. Man hat diese Rasse in der modernen Völkerwissenschaft zuerst „indogermanische", dann die „arische" genannt. Da ihr eigenthümlicher Typus nicht der der geschichtlichen „Arier" d. h. alten Eranier und Inder, sondern vielmehr der der alten „Germanen" ist, wäre der Ausdruck „germanische" Rasse passender. Da aber das Wort „Germane" unbekannten Ursprungs und jedenfalls von den Germanen selbst niemals zur Bezeichnung ihrer Stammeseigenthümlichkeit gebraucht worden ist, so halten wir das geschichtlich bei diesem Volksstamme nachweisbare Wort „sächsisch" oder „sakisch", dessen Bedeutung „weiß" oder „blond" als das zum Zwecke der Rassenbezeichnung weitaus passendste. Wir werden uns also die Freiheit nehmen, von jetzt an diese „blonde" Rasse, mit dem alten weit in der Welt verbreiteten Wortstamme als die „sächsische" Rasse zu bezeichnen.

Die Gelehrten streiten sich heute darüber ob die Urheimath dieser „sächsischen" Rasse in Zentral-Asien, oder in Ost- oder Mitteleuropa gesucht werden müsse. Wir haben über diese Frage manchen Band gelesen, sind aber von keinem überzeugt worden. Namentlich deßhalb nicht, weil fast alle diese Werke von bloßen Sprachgelehrten ausgehen, und diese Herrn die Beweismittel der Geographie, Geologie, Ethnologie und der physischen Rassecharaktere in der Regel absolut verleugnen.

Ist aber unsere Auffassung, daß noch in der Diluvialzeit, (bis vor 5000 Jahren) Osteuropa vom Meere, Centraleuropa großentheils von Gletschereis bedeckt gewesen, richtig, so kann die blonde Rasse hier ihre Heimath nicht haben, und die Hypothesen der Gelehrten verweisen uns auf das — damalige — Zentralasien. Dort aber waren die hohen Gebirgszüge des Tianschan, Himalaya, Paropamisus, Kaukasus und die angrenzenden Hochländer Tybet, Pamir u. s. w. ebenfalls mit Gletschereis bedeckt, und bildeten unübersteigliche Schranken, während die Länder nördlich vom 40sten Breitengrade im Höhepunkte dieser „Eiszeit" ihres rauhen Klimas und der Knappheit der Nahrungsmittel halber als bewohnbar nicht in Betracht kommen. Es bleiben die südlich in der großen aralo=kaspischen Senkung am Norbabhange des Hinbukusch gelegenen Gebirgsthäler und Flußniederungen, das Quellengebiet des Oxusstromes als fast einzig bewohnbares Land übrig. Dorthin verlegen wir also, in Uebereinstimmung mit dem alteranischen Mythus die Urheimath der sächsischen Rasse.

Dort wohnte sie, als die aralokaspische Niederung von einem großen Ozean erfüllt und das Klima feuchter war, in einer engbegrenzten Heimath, in mannigfach zerklüfteten Gebirgsthälern, die in vielen Beziehungen denen des heutigen Norwegens geglichen haben mögen. Nur war die Gletscherwelt der Gebirge viel gewaltiger, zusammenhängend, und eine unübersteigbare Schranke nach Süden und Osten, während die Hitze der Sonnenstrahlen unterm 37sten Grade nördlicher Breite im Sommer eine sehr bedeutende gewesen sein muß. Sie lebte dort als ein kriegerisches Jägervolk, und entwickelte jenes Sittengesetz des Muthes und Eigenwillens, das ich im vorigen Kapitel als sich aus den einem solchen Zustande eigenthümlichen Nothwendigkeiten des Kampfes um's Leben naturgemäß ergebend ableitete. Die Jahrtausende der Diluvial=, der letzten Eiszeit, brachte sie in jenem Erdwinkel zu, allein und ohne Vermischung mit anderen Rassen, ihre physischen und Charaktereigenschaften immer stärker ausdrückend, bis zum Eintreten des Ereignisses, das ich mit der Ueberschrift des erwähnten Artikels im Kosmos als „Wendepunkt in der Urgeschichte des Menschengeschlechts" bezeichnet habe.

Die Erfindung der Schifffahrt ist „ein Wende=
„punkt deßhalb, weil bis dahin jeder der isolirten Zweige,
„Rassen oder Arten sich von Innen heraus entwickelte,
„seinen eigenen Weg des Fortschritts verfolgte und auf diesem
„Wege mit der ihm eigenen Geschwindigkeit oder auch
„schneckenartigen Langsamkeit sich voranbewegte. Im Mo=
„mente der Berührung zweier Rassen hört diese „Freiheit"
„jeber Einzelnen, ihren selbstentwickelten Neigungen nach

„Belieben zu folgen, auf. Die Eine griff in das Schicksal
„der Anderen ein; die an ein schnelleres Tempo des Fort=
„schrittes gewöhnte riß die langsamere mit sich fort, und
„wurde vice versa von ihr, die sie schleppte, zurückgehalten.

„Der „Wendepunkt" ist aber noch in anderer Be=
„ziehung bemerkenswerth. Aus der Berührung der ver=
„schiedenen Rassen folgte im Laufe der Zeit ihre unabwend=
„bare Vermischung, die bereits jetzt so weit fortgeschritten
„ist, daß wir eine noch unvermischt reine Urrasse vergeblich
„suchen . . . . . . Nie waren die Rassenunterschiede schärfer
„und größer, als zur Zeit dieser Entdeckung, dem Wende=
„punkte, zu welchem die Differenzirung der verschiedenen
„Rassen in verschiedenen Richtungen hin ungestört weiter
„ging, während seitdem das Element der Vermischung in
„den Gang der menschlichen Entwickelung eingriff, und —
„wenn der seitherige Lauf der Weltgeschichte im Urtheil
„rechtfertigt, — für stärker angesehen werden muß, als die
„Tendenz der weiteren Differenzirung. Wenn die politischen
„Demagogen der „Freiheit und Gleichheit" sich beschränken
„würden, zu behaupten, daß der geschichtliche Entwickelungs=
„gang der Menschheit darauf hinziele, durch freien Welt=
„verkehr und internationale Vermischung „alle Menschen
„gleich" zu machen, so könnte man im Lichte der positiven
„geschichtlichen Erfahrung gar nicht umhin, ihnen Recht zu
„geben. Unrecht haben sie aber insofern, als sie behaupten,
„daß diese Gleichheit schon auf der Stelle — natürlich unter
„ihrer persönlichen Aegide als Vertrauensmänner — gesetz=
„lich anerkannt werden müsse, während sie, wenn dieselbe
„Richtung der Entwickelung ohne Veränderung beibehalten
„würde, immerhin noch ein paar Jahrtausende zur ihrer
„Vollziehung bedarf. Unrecht haben sie auch insofern, als
„sie behaupten, daß eine solche Ausgleichung ein allgemeiner
„Fortschritt sei, während sie im Allgemeinen mit einem
„Fortschritt gar nichts zu thun hat, sondern ein ganz ge=
„waltiger Rückschritt für Alle sein würde, die über dem

„Durchschnittsniveau stehen, insbesondere für die gesammte „reinere arische Rasse, deren Bildung und Kultur, als über „das Begriffsvermögen des heutigen Durchschnitts aller „Menschen erhaben, verschwinden müßte. Ein Fortschritt „wäre eine solche Ausgleichung nur für die Rassen, die wie „Hottentotten, Papuas und ähnliche Menschenbrüder, unter „dem Durchschnittsniveau der Menschheit sich befinden." (Kosmos Bd. II. P, 251).

Wir nehmen die Erfindung der Schifffahrt für die sächsische Rasse in Anspruch. Warum? Weil von den drei scharfen Charaktertypen der Menschheit, der schwarzen, der braungelben und der blonden Rasse, geschichtlich nachweisbar nur diese eine ausgeprägte Liebe zur Schifffahrt hat, während die ersteren Rassen eine eben so ausgeprägte Abneigung gegen das Befahren des Meeres zeigen. Kein blonder Volksstamm hat jemals in geschichtlichen Zeiten das Ufer eines Meeres bewohnt, ohne dasselbe zu befahren, während Neger gar nicht, Chinesen nur in sehr untergeordnetem Maaße — die dicht vor der Küste Chinas liegende Insel Formosa ist erst vor 200 Jahren von ihnen entdeckt und besiedelt worden — sich dieser Beschäftigung hingeben. Kein Wunder! Es gehört Muth, Kühnheit, individuelles Selbstbewußtsein und Beständigkeit zu dieser Beschäftigung, Eigenschaften, die jenen beiden Rassen gänzlich oder theilweise fehlen.

Natürlich sprang diese Erfindung nicht auf einmal fix und fertig als Seeschifffahrt in die Wirklichkeit, sondern entwickelte sich allmälig. Ihr Gebrauch als Flußschifffahrt, und als Mittel zur Küstenfischerei änderte vorläufig an der eigenen Entwickelung der sächsischen Rasse Nichts. Die Sprache weist darauf hin, daß in den Niederungstheilen der Urheimath Flüsse und Bäche die Landstraßen wurden, auf denen sich im Nachen der Nachbar dem Nachbar näherte, und für die Bevölkerung an Flußufern und Meeresküsten trat der umgestürzte Nachen als erstes Wohn=

haus an Stelle der Höhle im Hochgebirge. Die Sprache beweist auch, daß die ganze Kunstgeschicklichkeit der Rasse vom Zimmern, und zwar vom Kahnzimmern, sich ableitet. Erst als der Kahn so vollkommen geworden, daß der Fischer auf ihm sich in die Küstengewässer des wirklichen Meeres wagte und an diesen Küsten entlang sich verbreiten konnte, führte diese Entdeckung zur Begegnung zweier verschiedener Rassen. Ohne genau angeben zu wollen, wann diese Begegnung zuerst stattgefunden, machen innere Gründe es wahrscheinlich, daß sie erst möglich wurde, nachdem die letzte Eiszeit ihren Höhepunkt überwunden hatte, und das Klima anfing milder zu werden. Nach der Abhemar'schen Theorie lag der Höhepunkt der letzten Eiszeit im 10. Jahrtausend vor Chr. Nehmen wir an, es sei eine fühlbare Erwärmung des Klimas im Laufe von einem paar Tausend Jahren, etwa bis zum Jahre 7000, eingetreten, so dürften wir von diesem Zeitpunkte an die erste Begegnung der blonden mit der gelbbraunen Rasse datiren.

Wir stützen diese Annahme darauf, daß die westlichen Ausläufer des Altai, die gerade nördlich von der sächsischen Heimath liegen, nur sehr geringe Gletscherspuren der Eiszeit zeigen. Die Erklärung, die wir dafür versucht (Kosmos pag. 248), ist die, daß ein warmer Meeresstrom, ähnlich dem modernen Golfstrom, aus dem mittelländischen Meere kommend, durch den Hellespont, nördlich am Kaukasus vorbei in das aralisch-kaspische Meeresbecken und aus diesem durch eine zwischen den westlichen Ausläufen des Altai und dem Ural befindlichen Thalfurche in das nordsibirische Meer sich ergoß. Dieser Strom hatte auf das Klima der süduralischen und der westaltaiischen Länder denselben Einfluß, als der Golfstrom heute auf das Klima Norwegens.

Die sächsischen Fischer gelangten nun zuerst schiffbrüchig mit durch diese Meeresströmung entführten Kähnen an das nördliche Land, während Horden der gelbbraunen Rasse, durch ihre natürliche Vermehrung über die ganze Ausdehnung der nunmehrigen Hochlande Mittelasiens gedrängt, ebenfalls bei der Milderung des Klimas den im Sommer schneefrei werdenden Altai überschreitend, in die nach Westen sich dehnenden Thalabhänge gelangten. Hier trafen also Beide zusammen.

Wie diese Begegnung vor sich ging, habe ich in meinen Artikeln „der Schlangenmythus" auseinanderzusetzen gesucht. Die Horde der Gelbbraunen konnte den niegesehenen Kahn mit seinem blonden, bärtigen Insassen, den sie auch nie gesehen, für gar nichts Anderes halten, als ein Wasser=Ungeheuer, vor dem sie natürlich, wie es vor jedem großen Raubthiere ihre Gewohnheit war, Fersengeld gaben. Der blonde Sachse dagegen, ein geborener Jäger, hielt die aus=reißenden braunen Zwerge für eine neue Sorte Jagdthiere, denen er nachsetzte. Erst als er sie einfing, wurde er auf eine gewisse Menschenähnlichkeit aufmerksam. Wie lange es dauerte, bis er entdeckte, daß er diese Wesen auch lebendig für sich nutzbar machen könne, ist gleichgültig; sicher ist, daß diese Erkenntniß bei Leuten, die schon seefähige Kähne bauen konnten, die wahrscheinlich auch schon die auf dem Felde wachsenden Früchte sammelten, die jedenfalls daran gewöhnt waren, sich Vorräthe einzulegen, nicht allzulange ausblieb. Sie wurde dadurch befördert, daß die ersten Ankömmlinge, wie schon angedeutet, schiffbrüchig waren, in die Heimath gegen den Strom nicht zurück konnten und keine Weiber bei sich hatten. Zu den Diensten, die sie in der Heimath von den Weibern zu erhalten gewöhnt waren, zogen sie sich hier die eingefangenen gelbbraunen Zwerge auf. Damit war die Sklaverei erfunden, der Grundstein der sogenannten Zivili=sation gelegt. Die späteren Ankömmlinge folgten dem Beispiel.

Es fand hier weder Zögerung noch Widerstand statt. Der blonde „Riese" hatte gar keine Ahnung, daß dereinst nach Jahrtausenden verkrüppelte Bastard=Nachkommen ihn den Erfinder der Nutzbarmachung der niederen Rasse „als moralisches Ungeheuer" brandmarken würden; er brauchte vielmehr seine natürliche Ueberlegenheit über diese Wesen so unbefangen, wie er gewöhnt war, sie überhaupt auszuüben. Andererseits waren die Gelbbraunen, sobald sie eingefangen, außerordentlich glücklich, daß das wunderbare Ungeheuer sie nicht sogleich verzehrte, sondern ihnen gestattete, weiter zu leben. Als er sie sogar gegen andere wilde Thiere beschützte, als er einen zufällig des Weges kommenden Bär oder Tiger todtschlug, als er durch Eintheilung der Nahrungsmittel Fürsorge für ihre Ernährung traf, fingen sie bald an, ihn zu verehren. Aus dem Wasserungeheuer wurde der Agathodämon, eine sichtbar unter ihnen herumwandelnde Vorsehung, ein G o t t, ihm zu widerstehen, ein Gedanke, den nur zu denken sie gar nicht fähig waren, und den selbst ihre heutigen Nachkommen noch nicht fassen können. Die sichtbare Ueberlegenheit war eine so ungeheuere, daß sie ihrem aus dem Wasser gestiegenen Schlangengotte überhaupt jede Macht zutrauten.

Die nächsten zwei oder drei Jahrtausende riefen am großen Tieflandbecken der kaspisch-aralischen Niederung als am damaligen Geschichtsheerde der Menschheit eine Zivilisationsepoche hervor, von der theils direkte Spuren vorhanden sind — in den Ueberbleibseln uraltester Bergwerksthätigkeit auf Kupfer, und Gold am Altai und Ural; theils die direkte mythische Ueberlieferung der sächsischen Rasse; theils die Sprache dieser sowohl als der sogenannten „turanischen" Völker die Beweise erhält, während nur in der Annahme ihres vorherigen Bestehens der rationelle Schlüssel zum plötzlichen Auftauchen der sogenannten alten Zivilisationen in Vorderasien, sowohl als in China um's Jahr 2000 v. Chr. gefunden werden kann.

Schon in jener Urzeit gliederte sich diese alte Welt in wenigstens drei Völker, nämlich den blonden Bewohnern der Hochgebirge, denen der Name Arier eigenthümlich zukommt, der blonden Bevölkerung der Seeküsten und der Inseln des Meeres, denen jene Arier den Namen der S a k e n beilegten.

Diese beiden Völker bleiben wesentlich freie, unvermischte und in einfachen Verhältnissen ihrer alterbrachten Sitte weiterlebende.

Das dritte Volk ist das große Mischvolk, das die Arier als „Tur" (die schwarzen); die germanische Mythe als das Volk (Riesen und Zwerge) von Jötunheim; die chinesischen und indischen Ueberlieferungen als Yueti und Yuetschi bezeichnen. Dieses Volk, das sich wahrscheinlich schon damals in Unterabtheilungen sondert, bestand aus einer Herrscherkaste sächsischer Abstammung, der Nationalname „Sakan" wurde bei ihm zur Bezeichnung des Herren=, König= und Priestertitels; es bediente sich der turanischen Sprache (finnisch, alkabisch u. s. w.) die es mit vielen sächsischen Worten bereicherte; es trieb Ackerbau, es trieb Bergbau, es fing an Steinbauten zu errichten, es erfand endlich ein komplizirtes Religionssystem, das sich im wesentlichen auf den furchtsamen Glauben der schwarzen Zwerge an die schlangengöttliche Ueberlegenheit der blonden Herrscher stützte; es erzog diese schwarze Zwergrasse zu einer systematischen Arbeitsamkeit und zum unbedingten Gehorsam; es erfand wahrscheinlich die Anfänge der Keilschriften, den Gebrauch metallener kupferner Werkzeuge, möglicherweise sogar die Bronze. Der Zentralsitz dieser Zivilisation war die Gegend von Minnusinsk. Von dort aus dehnten sich seime Ausläufer bis in die Gegend des Baikal östlich, und zum Südabhang des Ural westlich.

Wir eilen weiter. Die unternehmende sächsische Rasse war in diesen Jahrtausenden nicht unthätig gewesen. Während sie fortwährend im echten Wikingsstyle neue Auswanderer gegen die Gefilde Turans entsandte, die dort allmälig mit den einheimisch gewordenen Herrschern in grimmen Streit geriethen, und wie es zu gehen pflegt, einmal zurückgeschlagen, ein andermal siegreich wurden, und neue Herrschaften gründeten, ging eine andere Auswanderung nach Süden. Die Gletscher der Gebirgskette, die sich allmälig zurückgezogen, erlaubten die Ueberschreitung der bislang unübersteiglichen Grenze wahrscheinlich zuerst im Thale des Herirub. Von dort scheint eine Auswanderung sogleich über die dürren, ihr wenig zusagenden Wüsten Erans hinweg an die Ufer des Erythräischen Meeres (Persischen Meerbusens und Golfes) gelangt zu sein. Von hier aus vertheilte sie sich, indem sie sich den Küsten der Meere und den großen Strömen entlang verbreitete. Mesopotamien, Südarabien und von dort aus der Nil, wurde jedenfalls schon in sehr früher Zeit von ihnen erreicht. Der Dannes in Fischgestalt, ein sächsischer Hans, die nordische Mythe nennt ihre Wane, gleichbedeutend mit Wende, Wandale, Wanderer, ein Wiking im Kahn, erschien im Tieflande Mesopotamiens, würdigte dessen Fruchtbarkeit und — so sagt Berosus — „er stieg „aus dem Wasser und lehrte die Menschen, die wild wie „die Thiere lebten, Städte zu bauen, die Aecker zu bestellen, zu „säen, zu ernten, kurz, alle Kenntnisse, die zum menschlichen „Leben gehören, auch die Kunst der Feldmessung." Von Punt*), dem uralten Wendlande der egyptischen Tradition, Urphönikien, Südarabien? der Gegend am erythräischen Meere rudert Hans Sachs, der Nautiker unverdrossen weiter. Als Phanes landet er in Egypten, wird der „Hak" (König) und der Nuter (Gott) des Landes, d. h. es spielte sich hier auf Boden, der fruchtbar und nicht mit dickem Urwald bestanden war, dieselbe Entwickelung ab, wie in Turan, dieselbe Entfaltung der Wasserungeheuer mit Stier- und Löwenköpfen zum Agathobaemon und Hak, zum Herrscher, König und Gotte.

Im Anfang des dritten Jahrtausend scheint sich entweder direkt von der sächsischen Heimath oder indirekt

---

*) Punt aber im Altegyptischen Sinne ist nicht eine enggrenzte Lokalität, sondern ist allerwärts, wo die Punt, d. i. die Wanen, Wenden, Wanderer, die blonden Wikinge sich herumtreiben, und von wo sie nach Egypten kommen. Es ist Südarabien. Es ist die Küste Kanaans, es sind die Inseln des Meeres, und die Küste Nordafrikas.

von dem Bereiche der turanischen Zivilisation, jedenfalls von Westen nach Osten ein Auswandererzug durch das Hochland Asiens hindurch in Bewegung gesetzt zu haben. Die „hundert Familien" gründen eine Kolonie am obern Hoangho, die sich auf der Basis der absoluten Willenlosigkeit des „schwarzköpfigen Volkes" auf baut. Das ist ein merkwürdig beweiskräftiger Ausdruck, der einen Sinn eben nur giebt, wenn man den Gegensatz eines blondköpfigen Abels ergänzt, dessen unterster Rang „Sze=Saken", dessen zweiter Rang „Pe=Weiße" genannt wird. Diese Kolonie erweitert sich im Laufe von zwei Jahrtausenden zum großen chinesischen Reiche.

Eine Menge Anzeichen der Erdkunde die wir hier nicht auseinandersetzen können, sowohl als die Ueberlieferungen aller alten Völker sprechen dafür, daß diese älteste Epoche der Zivilisationsgeschichte durch eine große Erdumwälzung ein gewaltsames und plötzliches Ende gefunden. Gleichviel ob unsere Auffassung der allbekannten Sintfluth mehr oder minder wahrscheinlich; wir bleiben dabei, daß diese Katastrophe namentlich im aralokaspischen Becken und den angrenzenden Ländern die größten Verwüstungen durch Wasserfluthen ausgeübt hat. Abgesehen von der sofortigen Verheerung trat dort eine Verschlechterung des Klima's ein; die ein Wiederaufleben der zerstörten Zivilisationsverhältnisse in jenen Gegenden verhinderten. Eine starke Auswanderung der Ueberlebenden erfolgte.

Die Akadier unter Xisuthrus, wahrscheinlich ein Theil der überlebenden Aristokratie von Jötunheim, zogen über's Meer an den „Berg des Nordens", und von dort südwärts nach Babilonien; unter dem Namen Manu bringt eine eben solche Auswanderung von Gandharven durch Khorassan und nach Indien ein; unter dem Namen „Noah" in seiner Verwandschaft mit navis, Nachen, deutlich erkennbar, landet eine sächsische Auswanderung am Arrarat, verbreitet sich über die Länder Vorderasiens und erreicht die Küste des Mittel=

meeres, wo sie sogleich echt wanisch als „Phöniken" ihre
Schiffe in's Meer setzen, und dasselbe nach allen Richtungen
hin zur Straße ihres weiteren Vordringens machen. Unter
dem Namen Hyksos erobern sie Egypten, kurz, sie traten in
Vorderasien und am Mittelmeere ganz in derselben Weise
auf, wie 2500 Jahre später die Germanen und Normannen
in Westeuropa. Betrachten wir Noah als Repräsentanten
einer sächsischen Einwandererfluth, so sind uns natürlich die
biblischen Patriarchen vor Noah wirkliche Er=
innerung an herrschende Geschlechter und
Stämme, die in der Urgeschichte am aralokaspischen Meere
ihr Wesen trieben, die „Schlange" ist der erste Kahnfahrer,
dem es gelingt, von Turan, das so lange das „Niflheim",
das „Kur nube" das „Land ohne Wiederkehr", wohin wohl
mancher in See stach, von woher aber noch keiner in die
Heimath zurückgekommen war, — wirklich zurückzukehren,
den Leuten im Paradiese der Unschuld d. i. der homogenen
Sittlichkeit, Kunde von seinen Entdeckungen zu geben, die
zum Heraustreten aus dem Paradiese d. i. zum bewußten
Eingreifen der Rasse in den „internationalen Verkehr"
führte. Kain, der Kahnfahrer, der Wane, — der
Wortstamm ist Kwan, ist der Repräsentant der ersten
Auswandererwelle, die im Lande Nob (=Naut, im Schifffahrts=
land, die germanische Mythe nennt es Wanaheim, den Sitz
Njord's, des Nachenbauers) ihre Herrschaft gründete.

Während diese Massenauswanderungen geschichtliche
Reiche begründen, und ihre Erinnerung in der Ueberliefe=
rung behaupten, geht daneben fortwährend und ununter=
brochen, wie seit Anbeginn, die Auswanderung kleinerer
Sippen, einzelner Wikingsfahrer, die im Laufe der Jahr=
hunderte sich nach Zehntausenden beziffern. Sie fahren aus
nach allen Richtungen, wo noch Länder frei sind, sie siedeln
sich hier und dort an. Wo sie erscheinen, werden sie von
den Horden der Urbevölkerung als aus dem Meere steigende
Wundergeschöpfe, als „Schlangengötter" angesehen, gefürchtet

und angebetet. Sie gelangen auf ihren kühnen Abenteuer=
fahrten fortwährend dahin, von wannen keine Wiederkehr,
d. h. da sie ohne Karte und Kompaß aufs Gerathewohl
und mit dem Winde und der Strömung fahren, oder auch
fortgetrieben werden, so kommen sie bis in die fernsten
Länder, aber sie finden nicht zurück und keine Kunde von
ihren Entdeckungen gelangt in die Urheimath. Sie siedeln
sich hier und dort zeitweilig an, ihre ungeheure Ueberlegen=
heit gegenüber der niederen Rasse gewährt ihnen allenthalben
die Möglichkeit der Ernährung; ihre Kinder setzen von dort
aus die Entdeckungszüge weiter fort, und so geht es bis
ans Ende des Kontinentes, an den Inseln entlang, von
einer zur andern über die ganze Ausdehnung der Inselwelt
des Großen Ozeans; mit dem Meeresstrom oder über die
Inselkette der Aleuten bis zur amerikanischen Küste. Vom
Puget = Sund den Missouri hinunter in das Gebiet des
Mississippi, wo sie die Moundbuilder's Zivilisation gründen,
von dort den großen Fluß hinunter zum Golf von Mexiko,
nach Panuco — kurios, daß der Wane hier noch einmal
an seinem Landungsplatze seinen guten sächsischen Namen
verewigt hat, — nach Yucatan, wo ein Fischgott Wotan
zentralamerikanische Zivilisation (nach dem Wortlaut der
Mythe ganz genau so) begründet, wie der Oannes die von
Babylon. Weiter geht der Sake. Das Hochland von
Bogota sagt ihm zu, er sammelt eine Heerde Wilden, zivilisirt
sie und wird ihr Zaque, gerade wie er sich Hak in
Egypten nennt; noch weiterhin wird das Hochland von
Peru von ihnen unterworfen. Ob sie die vielgeliebten
Stammseibel selbst von den „Inseln des Meeres", allwo
die Wanderer, Gunther und Gundula, Gandharven nennt
sie die indische Mythe, das gegohrne Getränk erfanden, bis
in die weiteste Ferne mitgenommen, weiß ich nicht, aber
sicher ist, daß sich das Gebräu selbst als echt sakisch noch
bezeichnet in Egypten: haq; in Japan: saki; in Zentral=
amerika: zaga! —

Genug! Die Urſachſen kommen entweder in Perſon oder in ihren Abkömmlingen mehr oder minder reiner oder durch Blutmiſchung mit Eingeborenen der Länder, die ſie durch= zogen, verunreinigter Generationen allüberall hin, wo Menſchen wohnen. Es giebt keinen wilden Stamm auf der Welt, der nicht einige Tropfen ihres Blutes in ſeinen Adern hätte. Wir glauben, daß die Allgemeinheit des Schlangenmythus, den man richtig als die Urreligion aller niederen Raſſen bezeichnet, hierin ſeinen Urſprung hat. Wir glauben, daß die weltweite Verbreitung vieler uralten Ueber= lieferungen in oft verblüffender Aehnlichkeit in dieſem Urüber= laufen der bewohnten Erde durch die altſächſiſchen Kahn= fahrer ihre Urſache hat. Und in allen Studien, die wir über dieſe Sachen gemacht, haben wir auch nicht einen einzigen Grund gefunden, der gegen die Richtigkeit dieſes Glaubens ſpräche. Wer, wie wir, im fernen Weſten von Amerika geſehen hat, mit welchen geringen Mitteln, mit welcher Kühnheit, und mit welchem Erfolge die ſogenannten Pioniere, einfache, nach europäiſchen Schulbegriffen unge= bildete Männer, aber, wie Joaquin Miller ſagt,

„Zu Herrſchern in der Welt geboren,
Die viel erlebt und viel geſehn;
Die ſehnenſtark, wie Simſon alt,
Gebräunt, von eiſerner Gewalt,
Nicht prahlend, von verwegenem Muth;
Für die kein Fehler, kein Verbrechen
So groß wie Furcht und Feigheit war,"

die Länder der Wilden durchſtreifen, wie ſolche Leute oft in Gegenden ſich heimiſch gemacht und großen Einfluß auf die wilden Stämme gewonnen haben, lange vorher, ehe der offizielle Entdecker dahin gelangte, dem wird die hier vorausgeſetzte Ausbreitung nicht wunderbar erſcheinen; wohl aber ihr Gegentheil unnatürlich. Er würde gar nicht fähig ſein, zu begreifen, welche Schranke eigentlich jene überaus praktiſchen Pioniere der Urzeit, die jeder damals bekannten

Handwerksgeschicklichkeit mächtig waren, vom Vorbringen bis an's fernste Ende der Welt hatten abhalten können, zumal sie einer Sorte Wilden gegenüberstanden, von deren niederen Stufe uns die modernen sogenannten Wilden gar keinen richtigen Begriff geben. Denn diese sind eben durch die Verbreitung der ursächsischen Wanderer in den Besitz von Waffen und Werkzeugen gelangt, wie z. B. Bogen und Pfeil, dessen Erfindung das Alterthum einmüthig den Saken zuschreibt, außerdem sind sie durch Beimischung dieses sächsischen Blutes schon physisch und geistig wesentlich gehoben und kriegerischer Natur geworden, wenigstens überall, wo die sächsische Einwanderung nicht sogleich zivilisirte Reiche auf der Basis des Sklaventhums gründete. Wenn sich heute die europäische Zivilisation mit See- und Landpolizei nicht in's Mittel legte, so würde die „Pionier"-Bevölkerung des fernen Westens von Amerika gerade so, wie Walker Nicaragua und Stanley den Congo eroberte, binnen hundert Jahren die ganze sogenannte unzivilisirte Welt erobern und überall Herrscher und Regenten geworden sein. Den Schulgelehrten, die historisch schreiben, mangelt der Begriff dieser praktischen Verhältnisse, während sie andererseits so in sogenannten Rechtsbegriffen, von denen die Natur nichts weiß, verrannt sind, daß es ihnen unmöglich ist, die rechtlose „Entwickelung der Zivilisation" zu begreifen*).

Der Urwanderer war, wie der abgehärtete Pionier des fernen Westens heute, allen Erfordernissen eines Wanderlebens in der Wildniß weit besser gewachsen, als der zivilisirte Mensch. Man frägt vielleicht, wie diese Leute es möglich machten, die weiten Meere zu überschreiten. Nun sie lebten überall von der Jagd, führten absolut keine Impedimenta, kein Gepäck mit sich, als etwa die Nephritwaffen der Heimath. Ihr Fahrzeug verstanden sie, sich selbst zu bauen; ihre Werkzeuge selbst zu machen. Hatten sie kein Boot zur Verfügung, so bedienten sie sich des — Kreuzes

---

*) Die Beweisgründe der hier vorgetragenen geschichtlichen Anschauung habe ich in einem besonderen Artikel „die Bedeutung der Zahlwörter als Quelle der Urgeschichte" diesem Werke als Anhang beigefügt.

als Fahrzeug zur Ueberschreitung der Gewässer, und daher stammt die vorchristliche Heiligkeit des Kreuzes neben den der Schlange. Das uralteste Wasserfahrzeug ist nämlich unzweifelhaft der einfache Baumstamm. Wer aber praktisch versucht hat, sich eines solchen zu bedienen, hat auch gefunden, daß derselbe die für den Passagier höchst unangenehme Gewohnheit hat, sich bei dem geringsten Anstoße um seine Achse zu drehen. Dieser Drehung wird durch einfache Verbindung mit einem Querholze ein Ende gemacht; und auf einem solchen Kreuze ist es für einen tüchtigen Schwimmer, der sich bloß seiner Hände und Füße zum Rudern bedient, keine Unmöglichkeit, weite Gewässer zu überschreiten. Es ist auch ziemlich sicher, daß die alten Kahnfahrer, selbst als sie anfingen, sich wirklicher Bootformen zu bedienen, entweder, wenn diese zuberförmig rund waren, sie mit dem Kreuze, das sie gewissermaßen als Schwimmvorspann, dann als Rettungsfloß, endlich als Steuerruder gebrauchten, zusammenkuppelten, oder, wenn sie sich der Langboote, ausgehöhlter Baumstämme, bedienten, das Querholz unmittelbar an diesem Kahne als „Ausleger" anbrachten. Diese Sitte halten die Polynesier heute noch fest, und sie sind dadurch im Stande gewesen, den großen Ozean mit Kähnen in viel weiterer Ausdehnung zu befahren, als die zivilisirten Völker des Alterthums in Schiffen es wagten. Mit diesen Hilfsmitteln gelangten die Urwanderer nach Amerika in Kähnen, die wahrscheinlich nicht mehr als vier Mann trugen.

Gehen wir weiter, um endlich auf Boden zu kommen, der auch von der Zunft als historisch beglaubigt wird. Die vielgerühmten seefahrenden Phöniker des Alterthums sind, wie schon angedeutet, die auf dem Mittelmeer erscheinenden Wikinge, die übrigens noch auf den egyptischen Monumenten als blonde Tambu, Lyber, Schakalascha und Khita dargestellt sind. Die Semiten sind für uns ein Mischvolk, aus der Einwirkung einer sächsischen Aristokratie auf die Urbevölkerung entstanden. Die Phöniker semitisiren sich sprachlich, wahrscheinlich erst um's Jahr 1000, auf Cypern erst um's Jahr 600. Ehe diese Semitisirung vor sich ging, aber hatte sich die Welle dieser blonden Seefahrer mit echtem Wikingsgeiste schon weit nach Westen geworfen, sämmtliche Küstenländer des Mittelmeeres überlaufen, durch die Straße von Cadix in den atlantischen Ozean gewagt, und über ganz West=Europa so weit ausgebreitet, als die megalithischen Monumente, deren Erbauer sie sind, von ihnen Zeugniß ablegen. Wahrscheinlich sind aus ihrer Vermischung mit den Ureinwohnern in Afrika die Berber, in' West=Europa die früher sehr ausgebreiteten Basken hervorgegangen, weiter in Osten die Sikuler und Pelasger, während die Etrusker vielmehr über Land von Turan gekommene Verwandte der Akkabier gewesen zu sein scheinen.

Denn in Folge der Sintfluth hatte sich — gleichviel auf welche bestimmte Weise — die jetzt noch bestehende Ab= grenzung von Festland und Meer im Wesentlichen hergestellt. Die bislang vom Meere überflutheten Niederungen blieben zwar noch lange ein sumpfiges Wald= und Landseegebiet, was sie zum Theil, z. B. in Finnland, selbst heute noch sind; aber die Gletscher der Gebirgsregion hatten sich schon vorher bedeutend zurückgezogen, und schmolzen jetzt noch schneller ab. Daburch wurde der nördlich von den Haupt= gebirgsketten belegene Theil Europa's erst bewohnbar. In ihn ergoß sich die Bevölkerung, die Centralasien und Süd= Sibirien wegen der dortigen Verschlechterung des Klima's verließ. Eine turanische Massenwanderung wälzte sich über Südrußland durch die Karpathenländer, nach Süddeutschland und bis Frankreich hinein. Diese Stämme mögen theils turanisch, theils keltisch gesprochen haben, welche letztere Sprache als zur sächsischen Familie gehörig angesehen wird. Eine Einwanderung desselben Charakters erfüllte die Balkan= halbinsel, auf der sie übrigens im Süden einer Urbevölkerung unbekannten Charakters, sowie der aus der cyprisch=egyptischen Ecke des Mittelmeeres dahin gelangten phönizisch=pelasgischen Einwanderung begegnete.

Zu gleicher Zeit aber setzte sich die sakische Einwanderung in der ihr eigenthümlichen Weise als Einwanderersippen auf Wikingskähnen von ihrer Heimath aus in Bewegung. Sie hatte im Laufe des zweiten Jahrtausend eine neue Fahrstraße entdeckt, in der sie mit dem Strome in's schwarze

Meer und durch den Hellespont in's ägäische Meer gelangen konnte. Der Strom nämlich, der, wie wir früher bemerkten, in der Diluvialzeit (als der Okeanos der Mythe) aus dem Mittelmeere durch das schwarze und kaspische Meerbecken in die nordsibirische See floß, hatte seit der Sintfluth, die die Verbindungsfurche zwischen dem Ural und dem Altai für den Meeresstrom sperrte, zu fließen aufgehört. An seine Stelle trat vielmehr alsbald ein Strom, der die noch vorhandene Ueberfülle des aralokaspischen Beckens am Nordrande des Kaukasus, westlich durch das Manitschthal in das Asowsche, aus diesem in das schwarze und aus diesem in das Mittelmeer abführte. Auf diesem Strom fuhren die Wikinge der Saken, deren Ausgangspunkt die Inseln des Meeres, wahrscheinlich das gegenwärtige Plateau von Usturt, gen Westen. An den Dardanellen mag das möglicherweise von einer turanischen Kolonie, oder von Abkömmlingen des biblischen Noah begründete Jlion der homerischen Dichtung ihnen eine lange Zeit den Durchgang erfolgreich gewehrt haben. Endlich aber erlag es dem stärker werdenden und mit vereinten Kräften geführten Ansturme der nordischen Barbaren, wie später Rom dem der Germanen, und der ganze Schwall wilder Wikinge ergoß sich durch die nunmehr geöffnete Pforte in die ägäische See, vertrieb die alten Herrschergeschlechter des pelasgischen Blutes und ergriff die Zügel der Herrschaft. Ich bin also der Ansicht, daß die späteren Griechen, die Mischabkömmlinge dieser Heroen, deren Ueberlieferungen falsch lokalisirten, sie mit alten Lokalsagen der pelasgischen Geschlechter, mit denen sich die neue Einwanderung verschwägerte, zusammenschmolzen, und die Richtung des Zuges, der zum Angriff auf Troja sich sammelte, verkehrten. Was diejenige Sammlung alter Wikingsmären betrifft, die unter dem Namen der Odyssee bekannt ist, so entstammen bedeutende Theile derselben ganz sicher jener Zeit, in der die Heroen noch im aralo=kaspischen Becken ihr Wesen trieben. (S. Anhang.)

In derselben Zeit, vielleicht aufgehalten durch die Feste Troja's, entdeckten die Wikingsfahrer die Wasserstraße der Donau, die sie geschwind bis nach Südbeutschland hinein verfolgten. Auf dieser Straße gelangten die Pfahlbauern nach Europa. Die Einwanderung, die sich von jetzt an ununterbrochen nach Europa wälzte, möchte ich mit dem Gesammtnamen der Wenden, der mit Wanen geradezu identisch ist, belegen. Sie unterwerfen überall die turanischen Ureinwanderer und begründen neue Herrschaften. Ich glaube, daß die umbrischen Völker, die Sabiner, Latiner u. s. w. selbst zu diesen die Donau herauf gekommenen Wenden gehören. Auch die Adelsgeschlechter der blonden Kelten, der Kymbern, sowie der Slaven gehören hierher. Der Nationalname „Serben" scheint übrigens uralt, indem er auf Sarpa hinweist, als auf eine Nation von Schlangengottverehrern, die von den Wanen (Pan, Ban gleich Herr) zu Dienern (Servi) gemacht wurde.

Endlich als sich das schon trocken und anbaufähig daliegende Europa gefüllt hatte, und durch den Uebergang der Herrschaft an die eingewanderte blonde Adelskaste gegen ihre noch nachbringenden Stammesverwandten widerstandsfähig geworden war, suchte der Strom der Auswanderung auf dem Wasserwege der Wolga nach Nordwesten vordringend, die noch menschenleeren Sumpfwüsten Mittelrußlands, und der baltischen Küstenländer auf. Hier fanden die sächsischen Einwanderer keine frühere Bevölkerung vor, zu deren Herren sie sich machen konnten. Zur festen Ansiedlung schien ihnen das Land auch noch zu rauh, und so drängten sie denn von dort aus weiter nach Westen, bis nach Nordbeutschland und bis an den Rhein, wo sie endlich mit den Römern in Berührung kamen. Ob die bekannten Cimbern und Teutonen schon zu dieser Einwanderung gehörten, scheint zweifelhaft, ich möchte eher glauben, daß sie eine aus Nordbeutschland verdrängte, und durch echte Germanen ersetzte keltisch-wendische Aristokratie waren, was übrigens der Rasse nach damals noch wenig Unterschied machte. Nur die Beschreibung ihrer für ein noch armes Bauernvolk zu prächtigen Rüstungen führt zu diesem Gedanken. Die Römer legten dieser letzten Einwandererwelle den Namen „Germanen" bei.

Die Einwanderung aus der sakischen Heimath scheint ungefähr mit dem Jahre 700 abgeschlossen. Seit dieser Zeit verändert sie ihren Charakter. Die Region des kaspischen Meeres war nämlich seit der Sintfluth immer trockener geworden, der große See, der zurückblieb, schrumpfte immer mehr und mehr zusammen; Ackerland verwandelte sich in dürre Steppe und diese in Sandwüste. Das zurückbleibende Volk verwandelte sich aus einem seefahrenden in ein Reitervolk, dessen Reichthum Heerden waren, und das nur stellenweis Ackerbau trieb. Die bequeme Zufuhr der gelbbraunen Sklaven führte zur Mischung mit ihnen und zur allmäligen Aenderung der Charaktere, ja die Sprache scheint schon im ersten Jahrtausend vor Chr. allmälig der der turanischen Sklaven zu weichen. Nichtsdestoweniger dehnen sich die von den Chinesen als blond bezeichneten Stämme der Usün Asioi, der Sze (=Saken) und der Alanen noch 300 Jahre vor Chr. vom kaspischen Meere bis an die Grenzen des eigentlichen China. Die Gründung des großen Reiches der Hiong=nu drängt sie aber insgesammt nach Westen, und die fortwährende Verschlechterung des Klima's unterstützt diese Marschrichtung. Asioi und Saken wenden sich im zweiten Jahrhundert nach Süden; werfen das griechisch=baktrische Reich über den Haufen und siedeln sich im Pendschab an, wo die Sikh's heute den Namen noch fortpflanzen. Die Alanen rücken westwärts an die Wolga, wo sie sich später im Bunde mit den Gothen an der Völkerwanderung betheiligen. Es bleiben aber immer noch blonde Stämme der Usün (=Asen) in Asien zurück. Die Hakasch am Jenisey, die von ihnen abstammen, werden noch im achten Jahrhundert als blonde, große, freie, kriegerische

Leute geschädigt. Sie spielen in ganz Hochasien Landsknechts=
rollen, und werden wie gewöhnlich, aus Soldknechten Prätori=
aner der vorkommenden Dynasten und aus Prätorianern
Herrscher. Sie treten von jetzt ab unter den Namen der „goldenen
Horden" auf. Alle Stämme, die irgendwie vom Caspisee bis
in die Mandschurei im Mittelalter eine Rolle spielen, haben
„goldene Horden", und diese „goldenen Horden" sind das
Element, um das sich die Herrschaft kristalisirt. Unter dem
alten Namen Usün (Asen), der sich dialektisch als Woosün
Ghuz, Ghazi (siegreich) wiedergiebt, wurden sie Türken
und zum Muhamedanismus bekehrt, zunächst die Stütze des
verfaulenden Khalifenthrones, endlich gründen sie in Vorder=
asien selbstständige Reiche, aus denen sich allmählig das
osmanische Reich zu längerer Dauer erhebt. Die in Hoch=
asien zurückbleibenden „goldenen Horden" aber erobern
periodisch — nur 3000 Mann zogen einst auf diesen Zug
aus, aber die Chinesen sagen: sie wären blond gewesen,
hätten grüne Augen gehabt und grimme Tapferkeit; — das
chinesische Reich. Als Horde der Kin erfinden sie das Schieß=
pulver und wenden es später gegen die Mongolen an. Der
Mongolensturm ging abermals von einer „goldenen Horde"
aus und Dschingiskan und seine Nachfolger waren physisch
keine „Rassenmongolen", sondern sahen nach Rubruquis den
„Königen von Frankreich ähnlich!" Es ist absolut unwahr
zu glauben, daß die gelbbraune Rasse jemals kriegerische
Erfolge davon getragen. Die mongolischen Weltstürmer
waren die in Asien verbliebenen Ueberreste der alten sächsischen
Rasse, die bei der erbärmlichen Feigheit der rassenmongolischen
Masse der Bevölkerung schon in Horden von ein paar
Tausend oder sogar weniger durch pure Ueberrumpelung im
Stande waren, große Reiche zu gründen. Durch momentanes
Glück und kluge Vereinigung anderer Reste goldener Horden
gelang es ihnen selbst bis·nach Europa und bis Vorderasien
ihre Waffen zu tragen. Vor einem mannhaften Widerstande,
wie den bei Liegnitz sind aber ihre nach Hunderttausenden

zählenden Heere jederzeit gewichen, weil eben unter diesen Hunderttausenden nur wenige Tausende wirklich Kämpfer, der ganze Rest dagegen nichtsnützige Feiglinge waren; und die Reiche, die sie gründeten, zerfielen nach einer Niederlage, weil die „goldene Stammhorde" in einer solchen aufgerieben war und der Troß nicht die geringste Widerstandskraft hatte.

Natürlich verkrümelten sich die Reste der goldenen Horden mehr und mehr, aber noch bis auf den heutigen Tag sind die Ethnologen im Stande bei diesen sogenannten tartarischen Völkern die weißen Horden und die schwarzen zu unterscheiden. —

Wir sind mit unser Schilderung der Urgeschichte der sächsischen Rasse überall bis an den Punkt gelangt, von welchem an die allgemein bekannte Geschichte den Faden weiter fortführt. Dorthin verweisen wir den Leser. Ob die Entwickelung der Verhältnisse in ihren Einzelheiten genau so vor sich gegangen, wie sie ausgeführt, ist für unsere Auffassung gleichgültig. Es genügt, wenn unsere Schilderung in ihrem leitenden Charakterzuge das Richtige getroffen hat. Und das dürfte wohl der Fall sein. Mindestens aber ist es wahr, daß die gesammte Gelehrtenwelt, wie sie heute lebend existirt, nicht im Stande ist, die Unwahrheit der hier vorgetragenen Urgeschichte (im Großen und Ganzen) nachzuweisen. Alle semitischen und semitisirenden, ja vielleicht sogar die naturmythischen Professoren werden sich wohl gewaltig gegen dieselbe ereifern, es steht ihnen jedoch frei, eine klarere, konsequentere, besser den erwiesenen Thatsachen der verbürgten Geschichte sich anpassenden Hypothese aufzustellen; worauf wir in der That neugierig sind.

IV.

Stammesgefühl. Unsterblichkeitsglaube. Rassenbewußtsein.

Mit der wachsenden Entwickelung und Ausdehnung gesellschaftlicher Verhältnisse tritt die Nothwendigkeit ein, die einfachen Sittlichkeitsgrundsätze der in souveränen Sippengemeinden lebenden Urmenschheit durch abgeleitete Sitten=Systeme zu ersetzen, deren Zweckmäßigkeit im Kampfe um's Dasein einer oberflächlichen Anschauung nicht ohne Weiteres offenbar zu sein scheint. Jene Urgrundsätze der Sittlichkeit hängen so ersichtlich, so unmittelbar mit der Wohlfahrt des Einzelindividuums zusammen, daß sie von letzterem selbst dann niemals in Zweifel gezogen werden konnten, wenn sie seiner Einzelexistenz feindlich gegenübertraten. Sah sich z. B. der Krieger, der mit seiner Sippe zum Angriff oder zur Vertheidigung des heimathlichen Gaues gegen den Feind gezogen war, durch die Umstände des Kampfes ge=zwungen, den Posten, auf den er gestellt war, selbst mit Aufopferung seines Lebens zu vertheidigen, blos um der Sippe den Sieg zu sichern, während er als Individuum durch ein geschicktes Ausweichen möglicherweise seine und seiner Familie Existenz recht gut hätte behaupten können, so lag es doch seinem Verständniß unmittelbar nahe, daß ein solcher, durch individuelles Ausweichen bedingter Vortheil eben nur ganz temporär sein würde, indem er eben die Bande der Gesellschaft gesprengt und ihn allein in feindlichen Gegensatz zu den benachbarten zusammenhaltenden Sippen gestellt hätte. Das Resultat einer solchen Fahnenflucht konnte also nur eine kurze Verschiebung des Tages seiner Niederlage sein, die aber für den Flüchtigen zugleich den Untergang seiner Familie bedeutete, während der, der seine Stelle behauptete, durch

Sieg seiner Sippe mit seiner persönlichen Aufopferung die Fortexistenz seiner Familienangehörigen sicherte. Je mehr sich aber die Sippe der Zahl nach vergrößerte, je mehr die einzelnen Erscheinungen des Kampfes um's Dasein, der Schlacht selbst, sich dem Gesichtskreise der Einzelnen entzogen, desto unbestimmter schien dieser Zusammenhang zu werden. Es mochten Fälle eintreten, in denen es Einzelnen gelang, ihre persönliche Existenz durch Ausweichen vor dem Kampfe zu sichern, ohne daß deshalb der Sieg der Sippe, des Stammes, und ohne daß ihre persönliche Stellung innerhalb des Stammes gefährdet werden mochte. Wohlverstanden: wir nehmen hier nicht an, daß dieses Entziehen aus Feigheit geschah, wie bei den niederen Rassen, sondern daß der Einzelne vielmehr in ruhiger Ueberlegung seiner egoistischen Klugheit die Nothwendigkeit nicht einsah, gerade seine Person zur Erreichung des Sieges des Stammes zu opfern. Diese Denkungsart, weit davon entfernt, unnatürlich zu sein, ist vielmehr durch den allgemeinen Selbsterhaltungstrieb die ursprüngliche und naheliegendste, und sie erzeugt sich, wie Jeder beobachten kann, trotz allen ererbten Ehrgefühls, trotz aller überlieferten Zucht, trotz aller Sittengesetze fortwährend von selbst wieder, weil sie eben ganz naturgemäß ist. Der Stamm hatte aber offenbar die beste Aussicht, oder vielmehr in einem längeren Kampfe um's Dasein die einzige Aussicht auf den schließlich entscheidenden Sieg, dem es gelang, diese Denkungsart unter seinen Angehörigen am wirksamsten zu unterdrücken. Giebt es also überhaupt ein Mittel, dieser Sinnesart entgegenzuwirken, und kam dieses Mittel zufälligerweise bei irgend einem der freien Urstämme zur Geltung, während die Uebrigen sich dessen nicht bedienten, so unterliegt es keinem Zweifel, daß im Laufe der Zeit dieser Stamm alle anderen überwinden und ihre Angehörigen ausrotten würde, daß also nach einer gewissen Periode die ganze lebende Menge des urfreien Volkes lediglich nur noch aus den Nachkommen jenes

Stammes bestehen mußte, und daß das Mittel, durch welches er den Sieg errungen, sich nunmehr einer alleinigen und ausnahmslosen Anerkennung erfreute.

Ein solches Mittel ist der Unsterblichkeitsglaube. Und zwar nicht die Sorte Unsterblichkeitsglaube, die sich in neuerer Zeit unter den sogenannten Rationalisten, Deisten, Pantheisten kurz den verschiedenen religiösen Schattirungen des modernen Liberalismus breit macht. Dieser Glauben, der im Wesentlichen darauf hinaus läuft, daß die individuelle Seele im Kreislaufe des Daseins gewissermaßen die Rolle eines bestimmten Regentropfens spiele, der aus unbestimmtem Dunste zur individuellen Existenz zusammengeballt, nach einem flüchtigen Sonderdasein wieder im allgemeinen Meer der Unendlichkeit verschwimmt und aufgeht, ist vielmehr im Kampfe ums Dasein von gar keinem erkennbaren Nutzen. Er hat auch in Folge dessen geschichtlich immer nur eine ganz ephemere, gewissermaßen eine Zwischenrolle gespielt, die schleunigst entweder mit dem Untergange dieses Glaubens, oder mit dem Untergange der freien Existenz der Nation (Gesellschaftsschicht), die ihn annahm, endigte. Warum? Weil er nie verstand, das Individuum zum Opfern seiner Person für die Erhaltung seiner Art zu begeistern; und weil ohne solche Opfer keine Art, keine Kaste, keine Gesellschaftsschicht, keine Nation und keine Rasse ihre freie Existenz zu behaupten im Stande ist! — Der Unsterblichkeitsglaube dagegen, der im Kampfe um's Dasein von Werth ist, ist vielmehr der Begriff eines ganz bestimmten persönlichen Weiterlebens des Individuums nach dem „Tode hieniben" in einer anderen Welt, in der dasselbe für sein „sittliches" Verhalten in dieser Welt bestimmte Belohnungen und Strafen erhalten würde, die die irdische Gerechtigkeit ihm zuzumessen keine Gelegenheit gefunden hatte. Da nun aber die sittlichen Grundsätze, wie wir bewiesen haben, in ihrem freien Ursprunge sich in zwei verschiedene Formen theilen, nämlich in die Form, die die Erhaltung der Rasse vom Erfolg des Angriffes, und die, die die Erhaltung der Rasse vom Erfolge der Flucht abhängig machen, so müssen sich hieraus auch verschiedene Glaubens=systeme des Unsterblichkeitsglaubens entwickeln, von denen das Eine die Grundsätze der aktiven Sittlichkeit zur Basis der Vergeltung im jenseitigen Leben der „Seele" d. i. des be=wußt fortlebenden Individuums; das andere die Grundsätze der passiven Sittlichkeit. Der Charakter der Vergeltung ist in beiden Fällen sogar ein gegensätzlicher! von den ver=schiedenen Verhältnissen des praktischen Lebens der ver=schiedenen Rassen abgeleiteten. Das freie Volk kannte den Begriff der „Strafe" überhaupt nicht, nur den der „Aechtung des Verbrechers", der dann den Kampf um's Dasein allein im „Elend" der Auswanderung weiterkämpfen mußte. Dem=entsprechend gründet sich der Unsterblichkeitsglaube der freien Rasse auf die Basis, daß die „Seele" ganz den ererbten Rassengewohnheiten gemäß die Beschäftigungen und Genüsse des gesunden Daseins weiter fortführte: Kampf und Kampf=spiel, Jagd und Zechgelage mit weiblicher Bedienung war ihre Lebensunterhaltung in dieser Welt, und wurde also der Himmelsgenuß der freien Rasse. Wem wurde er aber zu Theil? Nur dem, der den sittlichen Zwecken, der Erhaltung der Rasse im Kampfe um's Dasein, am vollkommensten gedient hatte, indem er unbedenklich, also ohne Rücksicht auf jene obenerwähnte egoistische Denkweise, sein Leben für den Sieg seiner Sippe opferte. Der tapfere auf dem Felde der Ehre fallende Krieger ist es, dem der Unsterblichkeitsglaube der freien Rasse auf ewig die Genüsse der kräftigen Jugend im Himmel zusichert. Wer dagegen nicht so glücklich war, in Ausübung der sittlichen Pflicht zur Sicherung der Existenz seiner Rasse zu sterben, nun, dem wurde das Schicksal des Geächteten zu Theil; da dieser in der Welt des freien Ur=volkes keinen Platz finden konnte, und auf die freie und offene See gedrängt wurde, wo er im Nebel des fernen Horizontes den Blicken entschwand und man nie wieder etwas von ihm hörte, so kamen die Seelen derer, die nicht im sittlichen Tode verblichen waren, ebenfalls nach Nifelheim, wo ihrer eine Existenz erwartete, nebelhaft, unbestimmt, grau in grau, von deren weiterer Natur man nichts wußte, als daß sie eben fortwährender Unruhe voll war, wie die des Geächteten, der in jedem Augenblicke des Angriffes gewärtig sein mußte. Der Vortheil einer solchen Denkweise bei einem freien Stamme liegt so klar, daß er weiter keiner Erörterung bedarf. Ein Stamm, bei dem sie, gleichviel aus welchen Grundursachen; — der Traum mag ja den ersten Anstoß zur Idee eines Weiterlebens der Vorstorbenen gegeben haben! — einmal in Geltung kam, mußte, Konkurrenten sonst gleicher Eigenschaften ohne diesen Glauben gegenüberstehend, den Sieg gewinnen und sich selbst und seinen Glauben fortpflanzen, seine Gegner und deren Glaubenslosigkeit aber ausrotten.

Die Nothwendigkeit des Unsterblichkeitsglaubens für die Erhaltung der passiven Rasse ist von Vornherein nicht so klar; — ja man kann vielleicht mit Recht zur Ansicht gelangen, daß er, so lange die passive Rasse eben ihren Charakter der Passivität unbedingt beibehält, — im Grunde genommen entbehrlich ist, und einen wirklichen Vortheil im Kampfe um's Dasein den Konkurrenten nicht gewährt. Geschichtlich ist es auch nachweisbar, daß in der alten Zeit der Glaube an die Unsterblichkeit der nicht kriegerischen Völker nur im höchst geringen Maaße bestand; ja bei den Völkern Ostasiens ist heute noch ein solcher Begriff, wenn überhaupt, nur in sehr nebelhaften Umrissen vorhanden.

Diese Thatsache erklärt sich aus dem urgeschichtlichen Ursprung aller dieser Völker, deren Masse in unfreiem Zustande lebte. Ob die auswandernden Wikinge schon in der allerältesten Urzeit ihren Unsterblichkeitsglauben entwickelt hatten, mag vielleicht zweifelhaft sein; das Vorkommen von Anschauungen aber, die mit den germanischen betreffs der Walhalla und mit den griechischen betreffs der Unterwelt sogar in unwesentlichen Einzelnheiten eine geradezu erstaunliche Aehnlichkeit zeigen, bei den alten Kulturvölkern Mericos und Zentralamerikas beweist, daß zur Zeit, als die Auswanderung nach dem Osten sich von der arischen Urheimath in Bewegung setzte, die — vielleicht in vielen Jahrhunderten — bis nach Zentralamerika vordrang, die altsächsische Rasse ihren Unsterblichkeitsglauben schon gebildet hatte.

Jedenfalls landeten die Wanen also in sehr früher Zeit schon mit diesem Glauben an den Küsten der von der braunen Rasse bewohnten Länder. Diesen Glauben aber dort auf die unterworfene Bevölkerung zu übertragen, hatten sie nicht die geringste Veranlassung. Es war ein Glauben für Krieger, während die Rasse, die sie sich zu Nutze machten, sich für den Krieg in keiner Weise eignete. Was von dieser Rasse in den nunmehr sich entwickelnden Gesellschaftsverhältnissen verlangt wurde, war unbedingter Gehorsam, Bedürfnißlosigkeit, Arbeitsgeschicklichkeit, wirthschaftliche Thätigkeit und ein gewisser, den umherschweifenden Wilden bisher entbehrlicher Grad von Reinlichkeit, der für ein ansässiges Leben aber, und den Wanen in ihrer Heimath schon Bedürfniß geworden war. Der Unsterblichkeitsglauben des Herrn wurde für die Unterworfenen, die ja ihre Herrn schon von Anfang an als wunderbare, aus einer „anderen Welt" gekommenen Wesen, als Schlangengötter ansahen und verehrten, zu einer Lehre von der Unsterblichkeit der „Götter"; die „Walhalla" der siegreichen Krieger zum Olymp der unsterblichen Götter u. s. w. Indem die herrschende Rasse ihrem Unsterblichkeitsglauben durch Erinnerungsfeste an die Vorfahren, die Wanen, durch Ahnendienst Ausdruck gab, und die Gelegenheit dieses Ahnendienstes wahrnahm, um dem zur „Familie" gehörigen Hausgesinde, dem „Clan" mit einer gewissen imponirenden Feierlichkeit die Vorschriften derjenigen Lebenshaltung einzuflößen, — die, indem sie für den Wanen vortheilhaft gewesen war, ihn veranlaßte sich um die Erhaltung des Lebens seiner Clienten überhaupt zu kümmern, anstatt sie todtzuschlagen! — entstand die Religion und das „Gesetz", als ein fertiges, mit bestimmten feierlichen Zeremonien ausgestattetes, in Regeln gebrachtes System. Während der Unsterblichkeitsglaube der Herren von Strafe nichts wußte, wurden irdische Strafe ein wesentlicher Theil der Religion, und der lebende Herr wälzte ihre Gehässigkeit auf seine verstorbenen Ahnen, die „unsterblichen Götter", ab.

Das in dieser Weise geregelte Verhältniß zwischen beiden Rassen war in den ersten Zeiten, die sich übrigens auf eine lange Reihe von Jahrhunderten beziffern mögen, für beide Parteien ein vollständig zufriedenstellendes. Aus der Urgeschichte China's, Egypten's, der keltischen Clans u. s. w. ergeben sich bestimmte Anzeichen, daß die Gehässigkeit des Verhältnisses der Sklaverei, wie sie in der griechisch-römischen Periode des Alterthums sich entwickelte, der Urzeit noch vollständig fremd war. Das Verhältniß war vielmehr durchaus ein patriarchalisches, und die Clienten hatten instinktiv begriffen, daß der Herr, der Vater, der Patriarch nicht ein Tyrann, sondern ein Beschützer war, der denjenigen Theil des Kampfes um's Dasein, dem sie selbst nicht gewachsen waren, nämlich den aktiven Kampf gegen äußere Feinde auf sich nahm, der ihnen, die früher flüchtig herumschweifendem Wilde gleich ihre Existenz hatten fristen müssen, die Ruhe und Bequemlichkeit einer festen Heimath bot. Den Strapazen der Flucht, den Entbehrungen ihres früheren Zustandes gegenüber waren die Strapazen der regelmäßigen Arbeit gering zu achten, und die regelmäßige Versorgung mit Nahrungsmitteln reiner Gewinn. Daß das Verhältniß für die Herrscher vortheilhaft war, ist selbstverständlich, da es mit der Einführung des regelmäßigen Ackerbaues zusammenfiel. Es war das goldene Zeitalter im buchstäblichen Sinne, sintemal die alten Goldwäschereien am Altai die Beweise liefern, daß sie zu jener Zeit bearbeitet worden sind. Die Mythen von den goldenen Aepfeln der Hesperiden, der Zusammenhang der mythischen

„Schlange" mit dem Golde, die nordischen Sagen von den „kleinen Unterirdischen" sind also keine Erfindungen freier Phantasie, sondern wirkliche Thatsache. Für den vorurtheilslosen Verstand wäre es auch unbegreiflich, wie eine freie Phantasie die Idee des „Goldes" erfinden könnte, das doch zu irgend einer Zeit zum ersten Male in concreto gefunden worden sein muß. Aus der Heimath brachten die Wanen kein Gold, wohl aber jene weltberühmten Nephrit-, d. i. buchstäblich Nachenfahrer-Werkzeuge mit, die sie über die ganze Welt verschleppten.

Wodurch veränderte sich nun dies beiderseits zufriedenstellende Verhältniß in das gehässige der „klassischen" Sklaverei? Das große Naturgesetz des Kampfes um's Dasein wirkt eben in seinen Ursachen fortwährend weiter, und der Wille des menschlichen Individuums, sofern er nicht durch die sittlichen Nothwendigkeiten des Kampfes um's Dasein fortwährend im Zaume gehalten wird, gebraucht seinen Verstand, um sich durch Befriedigung seiner Lüste Genuß zu verschaffen. Die erste Ursache füllte die neuen Länder durch Selbstvermehrung der Bevölkerung bis zur Hungergrenze; aber zu gleicher Zeit sandte sie fortwährend frische Schiffsmannschaften sächsischer Wanen, die die Volkswirthschaft der Heimath auswerfen mußte, an die Küsten dieser Länder. Die zweite Ursache hatte die Wirkung, daß die im Besitze der Herrschaft befindlichen „Schlangengötter" sich die Bequemlichkeit derselben zu Nutze machten, und dadurch einerseits stufenweise verweichlichten, andererseits durch ungeregelte und jugendfrühe Befriedigung ihrer Wollust mit dem ihnen zu Gebote stehenden weiblichen Material der untergebenen Bevölkerung sowohl ihre Kräfte erschöpften, als auch — und das ist das Wichtigste aller dieser Verhältnisse — Bastarde erzeugten, für deren Eigenschaften das Sozialsystem eine geeignete Stellung nicht aufzuweisen hatte.

Aus diesen Ursachen entwickelt sich eine Folge von

Begebenheiten, die sich seit jener Zeit bis auf den heutigen
Tag mit dem uhrwerksmäßigen Gleichgang eines Perpetuum
mobile wiederholen, und deren Stundenschläge jene lärmenden
Thatsachen, Kriege, Revolutionen, Zusammenbrüche von
Reichen und Zivilisationen sind, deren Aufzählung man
gemeinhin mit dem Namen der „Weltgeschichte" belegt.
Es ist die alte Geschichte, doch bleibt sie ewig neu,
Und wenn sie just passiret, dann bricht ein Reich entzwei.
Ihr Hergang ist folgender: Die neuen Zuwanderer
begehren ein Unterkommen. Dieses wird ihnen verwehrt,
und sie als Seeräuber abgewiesen. Da sie nur in einzelnen
Schiffen ankommen, während die im Lande schon wohnende
Aristokratie sich bald zu ihrer Abwehr verbindet und einer
gewissen Organisation bedient, so ist das eine zeitlang eine
leichte Sache. Aber die Organisation selbst ändert den
Charakter der angesessenen Gesellschaft. Die Verweich=
lichung schreitet fort, betrifft aber nicht den Einen genau so,
wie den Andern. Es entsteht Verschiedenheit der persönlichen
Macht. Es entsteht auch in Folge ungleichen Bodenwerthes,
und ungleicher Bewirthschaftung Ungleichheit des Reich=
thums. Die tüchtiger Gebliebenen und reicher Gewordenen
nehmen in der Organisation allmählig herrschende Stellungen
ein, und strecken die Hand nach weiteren Vorzügen, Vor=
rechten aus, die weniger Tüchtigen widersetzen sich zwar,
verlieren aber allmälig mehr und mehr Terrain, und der
Druck der Mächtigeren nimmt zu. Indem er aber zunimmt,
zwingt er die weniger Mächtigen, deren Zahl die bedeutendere
ist, zu festerem Zusammenschluß und größerer Anspannung
ihrer Kräfte. Es tritt ein Zeitpunkt ein, in dem in Folge
dessen der „friedliche" Kampf zum stehen kommt, und beide
Parteien mit gesetzlichen Mitteln Fortschritte nicht mehr
machen können. Mag sein, daß es um diese Zeit gelingt,
durch einen Vertrag zwischen beiden Parteien, durch eine
neue „Constitution", um den modernen Ausdruck zu ge=
brauchen, den nunmehrigen Machtverhältnissen gerecht zu

werden; danach theilt sich die herrschende Kaste in zwei Kasten und der Kampf ist zeitweise verschoben. Das dürfte aber selten vorkommen, da die Auffindung einer den Zeitverhältnissen wirklich anpassenden Konstitution ein Bravour-Kunststück staatsmännischer Weisheit ist. In der Regel gerathen sich die Parteien, wenn sie friedlich keine Eroberungen mehr machen können, in die Haare, und sobald sie bemerken, daß sie in dem nunmehr offen entbrannten Kampfe keinen entschiedenen Vortheil gewinnen können, sehen sie sich nach fremder Hilfe um. Es giebt aber eine allzeit bereite Quelle dieser Hilfe, die, von Natur kriegslustig, zunächst weiter nichts begehrt, als mit dem Kampfe ihren Lebensunterhalt zu verdienen. Man tritt zu den Wanen, die sich an der Küste zeigen, in freundschaftliche Beziehung, schließt ein Bündniß mit ihnen, nimmt sie in Sold und Dienst. Sobald das geschehen, ist der Parteikampf entschieden. Die grimme, barbarische Tapferkeit der abgehärteten Kämpen von der Ruderbank schlägt jeden Widerstand zu Boden, die Gegenpartei wird vernichtet, vertrieben, die Bundesgenossen mit ihren Gütern belehnt und die Partei, die sich dieses Mittels bediente, hat gewonnen, und freut sich ihrer befestigten Herrschaft, ohne zu bemerken, daß für diese in der Regel das elfte Stündlein geschlagen hat, und der Gewinn nur eine Galgenfrist ist. Denn sobald die neuen Ankömmlinge sich im Lande umgesehen und die Verhältnisse kennen gelernt haben, bemerken sie auch, daß die großen Herren, deren Herrschaft sie gesichert, im Vergleich mit ihnen eine verweichlichte Gesellschaft, ein demoralisirtes Lumpenpack sind, die nur durch den Besitz äußerlicher Mittel und einer gewissen im Mußezustande leicht zu erwerbenden Bildung imponiren. Die praktischen Züge dieser Bildung haben sie jenen bald abgelauscht, und in ihrem Besitz sind sie nicht mehr im Stande zu begreifen, warum sie nicht selbst große Herren sein könnten. Eines schönen Tages kündigen sie den Gehorsam, schlagen die großen Herren todt oder verjagen sie, setzen sich an ihre Stelle und heirathen nicht selten ihre Töchter.

Zur Abwechslung geht es mitunter auch einmal anders zu. Die alte Aristokratie hält vielleicht lange Zeit in wirklich guter Ordnung zusammen und wirft mit Leichtigkeit die vereinzelt ankommenden Schlangenkähne und Drachenschiffe zurück ins Meer. Nun kommt es darauf an, ob die von Noth getriebenen Wanen eine andere Stelle finden, an welcher sie mit leichterer Mühe Fuß fassen können. Ist dies der Fall, so lassen sie die gut bewachte Grenze des geordneten Staates ungeschoren. Finden sie aber einen solchen Angriffspunkt nicht, so überwinden sie — Noth bricht Eisen — ihre Unabhängigkeitsliebe so weit, daß sie sich allmälig zu ganzen Flotten zusammenscharen, und so das zu erreichen suchen, was den Einzelschiffen nicht möglich war. Gleichviel, wie oft sie auch jetzt noch abgewiesen werden, die Heimath, die ist die unerschöpfliche vagina gentium, die fortwährend neue Kämpen liefert, die die Verluste ersetzen, den Angriff verstärken, und schließlich muß ihnen der Sieg werden. Die Vernichtung und Verjagung der alten Aristokratie und die Einsetzung der neuen folgt naturgemäß, gerade wie im ersten Falle, nur ist in diesem die Zerstörung des Alten, der Kontrast des neuen schärfer, die Umwälzung gründlicher.

Dieses Spiel, verschiedentlich aufgeführt, wiederholt sich von Zeit zu Zeit. Alle 500 Jahre entsteht Phönix auf's Neue aus seiner Asche. An Stelle der verfaulten und verweichlichten Aristokratie tritt eine neue, urfrische, die noch barbarische Kraft, fanatischen Muth in ihren Gliedern hat. Im Uebrigen bleibt die Gesellschaftsordnung ohne wesentliche Veränderung. Die unterwürfige Rasse, mit der ertragsfähigen Passivität der Chinesen und Fellachin ausgestattet, arbeitet mit gleichmäßiger Geduld weiter für die neuen Götter, die ja aus derselben alten Heimath gekommen und möglicherweise dieselben alten Götter sind, die vor 500 Jahren genau so auftraten, und jetzt wieder einmal aus dem Himmel auf die Erde herabsteigen, um hier Söhne zu zeugen, und die korrupte, faule Wirthschaft, die sich allmälig eingestellt und die Unterthanen ungerecht bedrückte, durch Wiederherstellung strenger Ordnung zu beseitigen. Abgesehen von der allgemeinen Todtschlägerei zur Zeit der Umwälzung, welche von dieser Rasse als Naturereigniß mit stoischer Passivität hingenommen wird, profitirt sie also bei jeder solchen Revolution, theils durch die Herstellung fester Ordnung an Stelle wüster Launen, wodurch sowohl die Produktivität der Arbeit außerordentlich vermehrt, als auch das Gefühl ungerechten Druckes beseitigt wird, das sich vorzüglich dann einstellt, wenn das eine Individuum in irgend einer Lakaienstellung sich im faulen Schlemmerleben mästet, während Seinesgleichen im Blut und Abstammung seine Kräfte bei sparsamer Nahrung zu produktiver Bearbeitung bis zur Erschöpfung anspannen muß. Auch die bloße Vernichtung von Menschenleben im Augenblicke der Katastrophe erzeugt einen Spielraum der Lebenschancen für die Ueberlebenden, der zeitweilig die Härte der Konkurrenz wesentlich erleichtert.

Auf diese Weise könnte die immerwährende Zufuhr frischen Blutes aus der Urheimath der Kriegerrasse bis in's Unendliche fortgesetzt werden, es könnten auch neue mechanische Entdeckungen und Erfindungen in das System der Volkswirthschaft übergehen, ohne die sozialen Verhältnisse wesentlich zu ändern. Aber diese Aenderung wird endlich nothwendig durch die fortwährende Vermehrung der Zahl der Bastarde, die im Laufe der Zeit eine Macht mit eigenen Charakteranlagen entwickeln, die nicht mehr unbeachtet gelassen werden kann. Was ihr Beachtung verschaffen muß, ist der Umstand, daß sie einen Theil der Kriegstüchtigkeit ihrer Väter geerbt hat. Diese kommt zunächst, da sie mit der unterwürfigen Klientreue der Mutterlinie gepaart ist, dem Patriarchen zu Gute, der sich ihrer bedient, und almälig daran gewöhnt, an der Spitze seiner Knechte in's Feld zu rücken. Es entwickelt sich folgeweise auch bei den Klienten, die mehr und mehr aus Bastarden bestehen, ein Bewußtsein der Kraft, allerdings in sehr verschiedenem Grade. Denn die Sache fängt allmälig an, bunt zu werden. Es giebt schließlich Bastarde jeden Grades, die eine vollständige Leiter mehr oder minder merklicher Abstufung zwischem dem reinen Blute der Aristokratie und dem reinen Blute der unterworfenen Rasse darstellen. Zu dieser Menschenmenge treten hinzu die Mitglieder und Abkömmlinge der verjagten Aristokratie selbst, sowie die große Anzahl der überschüssigen Kinder dieser, die nicht so abgehärtet erzogen, als die jeder Anstrengung, jeder Arbeit und jeder Handgeschicklichkeit mächtigen Söhne der freien Sachsen der Heimath, nicht im Stande sind, sich des Hilfsmittels der freien Auswanderung zu bedienen, indem dieses ohne hervorragende Tüchtigkeit des Individuums in den praktischen Verrichtungen des gewöhnlichen Lebens nicht die größte Aussicht auf Erfolg bietet.

Die große sich fortwährend vermehrende Menge dieser Bevölkerung, ihre sehr verschiedene Kriegstüchtigkeit hat zur Folge, daß die Gleichheit unter dem Patriarchenadel, die ursprünglich bestand, immer mehr zu ungleicher Macht sich entfaltet. Wer die größere Menge dieser waffenfähigen Knechte ernähren kann; wessen Knechte am kriegstüchtigsten sind, der gewinnt mit leichter Mühe die Oberhand über seine Konkurrenten, und sichert sich Vorrechte vor ihnen. Aus den Patriarchen heben sich Magnaten heraus, während Andere zu armen Käthnern herabsinken, kurz, es wird eine — polnische Wirthschaft, die buchstäblich in genau dieser Weise sich entwickelt hat. Diese Wirthschaft gipfelt schließlich, wenn man sie sich selbst überläßt, darin, daß der mächtigste Magnat im Bereiche seiner Macht sich zum absoluten Herrscher nicht nur über seine Klienten, sondern durch deren Hilfe über alle kleineren Freien, die in seinem Machtbereiche noch übrig geblieben sind, aufwirft. Damit tritt das absolute Herrscher=

thum auf die Bühne der Weltgeschichte; und sein Auftreten
läutet den Untergang der alten Kastenorganisation ein.

Das Mittel, das dieser sozialen Ordnung den Garaus
macht, besteht in der willkürlichen Verleihung des sogenannten
Adels. Die Kaste ist etwas historisch gewordenes; eine
einfache Anerkennung der Rassenunterschiede, die durch Geburt
naturgemäß bestimmt sind. Es ist ein Ding der Unmög=
lichkeit, irgend einem Individuum durch Gesetz seine Kasten=
stellung anzuweisen*). Sobald aber der absolute Monarch
auftritt, nimmt er sich die Freiheit, die Vorrechte, die bisher
den Angehörigen der Herrenkaste eigenthümlich waren, an
seine Parteigänger ohne Ansehen der Person nur nach seinem
Belieben zu vertheilen, und er zwingt die Angehörigen der
Kaste, diese neu=kreirten Abligen als Ihresgleichen anzu=
erkennen. Damit ist der raison d'être der Kaste zerbrochen.
Der neue Adel ist nur das launische Produkt eines einzigen
Willens, der nur im Laufe der Jahre bald so, bald so sich
äußert; es ist eine Sammlung zufällig Privilegirter, deren
Umfang und Grenze nicht mehr von der Natur, sondern durch
ein schwaches, jeder beliebigen Ausdehnung unterworfenes Band
äußerlicher Zeremonien und verliehener Würden bestimmt wird.
Es fällt der Glaube an die göttliche Abstammung der
Adelsgeschlechter, indem jedes Individuum der niedern
Kaste hoffen darf, durch die Gunst des absoluten Herrschers
in den Adel eintreten zu können. Ist die Adelskaste von
vornherein nicht sehr zahlreich gewesen, und findet eine
frische Zufuhr des sächsischen Rassenblutes später nicht statt,
so verschwinden bald ihre Spuren in Folge der Vermischung
mit den willkürlich in ihren Stand erhobenen neuen Abligen;
der Erbadel hört im Laufe der Zeit überhaupt auf, und es
tritt ein reiner augenblicklicher Willküradel an seine Stelle,

---

*) Im modernen Europa giebt es also nur eine unzertrümmert
gebliebene Kaste, und das ist nicht der „Adel", sondern das
Judenthum! —

der gewöhnlich mit der Besetzung der Aemter verbunden ist. So sind die Zustände in China entstanden.

Während dieses Land, das im fernen Osten Asiens in Folge seiner geographischen Lage seit der Periode der Ureinwanderung eine namhafte Zufuhr des Blutes der kriegerischen Rasse nicht mehr erhalten hat, die Gesellschafts= ordnung entwickelte, die die letzten Spuren und Vorrechte der alten Kaste im dritten Jahrhundert v. Chr. zur Zeit Schi=Hoang=ti's beseitigte, ging die Entwickelung in der westlichen Welt nicht so einfach ihren Gang. Denn so lange die freien Sachsen in Zentralasien noch Auswandererschaaren abstießen, traten diese eben von Zeit zu Zeit als störendes Element in den Prozeß der Rassenverschmelzung unter dem Drucke der Autokratie auf. Gewöhnlich in der Zeit, in der die Autokratie sich vollständig zu entfalten und die letzten Spuren des alten Kastenadels zu beseitigen im Begriff stand, fiel das Reich, in dem solches geschah, der Eroberung durch einen Stamm zur Beute, der entweder ächt sächsisch, oder in späterer Zeit, wenn auch mit anderen Elementen gemischt, doch noch in hervorragender Weise die Traditionen und Eigenschaften der sächsischen Rasse behauptet hatte. Die ganze sogenannte alte Geschichte ist in Folge dessen ein Kaleidoskop verschiedener Uebergangsphasen der Urstufe der Kultur mit Uebereinanderschichtung der beiden Urrassen zur Gesellschaftsstufe der vollzogenen Rassenmischung, deren end= licher Ausdruck für die mittelländische Welt der Imperialis= mus des römischen Weltreiches war. Er vereinigte eine Menschenmenge unter seinem Szepter, die bei anscheinen= der Verschiedenheit der Rassen und Nationalitäten doch alle denselben Prozeß der Entwickelung aus der aristokratischen Kastenrepublik — gleichviel ob mit oder ohne königliche Würde — zur Tyrannis, zum Verfall der alten Kasten= gliederung zur Vermischung der Elemente der Bevölkerung in eine gleichförmige Masse durchgemacht hatten.

Durch diese ganze alte Geschichte zog sich wie ein

rother Faden eine Erscheinung. Es ist die der absoluten Widerstandslosigkeit aller dieser Tyranneien, so groß immer sie erscheinen mochten, gegen jeden energischen Angriff von Außen. Eine Schlacht genügte in der Regel, um das glänzende Kaiserreich in Trümmer zu schlagen. Ein Volksstamm, der aus irgend einem abgelegenen Winkel urplötzlich hervorkam, wo er die sittlichen Traditionen der Urzeit noch in einer gewissen Reinheit zu bewahren im Stande gewesen war, errang gewöhnlich mit leichter Mühe den Sieg über eine ausgedehnte altzivilisirte Region, indem er die verkommene Aristokratie vernichtete, während die Bevölkerungsmasse, ganz theilnahmslos oder ausgesprochen feig, die neuen Herrscher annahm. Schon nach wenigen Generationen war die neue Aristokratie ebenso verkommen, wie es die alte gewesen, die Rebellion oder der Einfall eines bis dahin unbekannten Bauernstammes machte ihrer Herrlichkeit wiederum ein Ende, und dieselbe Geschichte wiederholte sich in immer kürzeren Zeiträumen.

Dieser Cäsarismus stützte sich nämlich auf weiter gar nichts, als auf die mechanische Disziplin seiner aus dem Bastardmaterial der Bevölkerung zusammengeschweißten Heeres-Organisation, deren Kämpfer mehr oder minder des Opfermuthes, des Kriegerstolzes, des patriotischen Gefühles, entbehrten. Wenn auch die Offiziere, der herrschenden Aristokratie entnommen, noch dieser Gefühle sich erinnerten, so waren sie doch viel zu verweichlicht, um ihnen Folge zu geben. Die Verkommenheit der Tradition von jener kriegerischen Religion der Urzeit führte zu den seltsamsten Auswüchsen, unter denen wir ein höchst interessantes Beispiel der Umdrehung ursprünglich richtiger Ideen im Streben ihrer Anpassung an ein bequemes Genußleben hier hervorheben. Es ist das Menschenopfer. Die Idee der Nothwendigkeit der Menschenopfer liegt ja in der Walhalla=Religion, wo sie aber eben in ihrer naturgemäßen Gestalt als Folge und Ausübung des Kampfes um's Dasein sich als Pflicht der Selbstopferung des Individuums hinstellt. Den verweichlichenden Aristokraten aber wurde — die menschlichen Gefühle sind immer einander ähnliche! — diese Idee ihrer persönlichen Selbstopferung bald ebenso verhaßt, wie dem modernen friedenblökenden Humanismus, nur verstanden sie noch nicht, wie dieser sich mit hochtrabenden liebetriefenden Heuchlerphrasen mit ihr abzufinden. Dagegen nahm die grimme unabänderliche Naturnothwendigkeit, in der Urreligion als unparteiisches, durch kein Bitten und Beten zu rührendes Fatum aufgefaßt, in Folge des Einflusses der Götterreligion ihrer Unterthanen, deren Blut durch die Bastardmischung ja auch in die Adern der Aristokratie überging, in ihren Augen allmälich die Gestalt eines „absoluten" Gott-Herrschers an, der genau wie der Despot auf dem irdischen Throne seine Launen durch Begünstigungen seiner Schmeichler und willkürlichen Eingriff in die Gesetze zu befriedigen im Stande war. Da nun dieses Gott-Fatum absolut Menschenopfer verlangte, während es ja gleichgültig zu sein schien, welche spezielle Individuen geopfert wurden, — das große Gesetz, daß auf der Wahlstatt die minder Tüchtigen geopfert werden, während die Tüchtigen überleben, entging ihnen, wie es der persönlichen Wahrnehmung eines Einzelindividuums immer entgeht! — so brachte der Selbsterhaltungstrieb die edlen Herren, die im Besitz der äußerlichen Machtmittel sich befanden, auf die Idee, nicht ihre eigene werthe Person, sondern an Stelle derer irgend eine andere dem nach Menschenfleisch hungrigen Gotte als Opferspeise vorzusetzen. Diese Idee erschien ihnen genau so plausibel, als dem heutigen humanen Bourgoisjüngling der Ankauf eines Substituten für den Militairdienst, es ist in der That absolut dieselbe! Sobald sie ihrem Gotte durch Schmeicheleien in Gebetform die Erlaubniß dieser Substitution abgebettelt zu haben glaubten, zögerten sie nicht länger, sich dieses vortrefflichen Mittels, die Achtung der überlieferten religiösen Ideen, von denen ja ihre eigene Unsterblichkeit abhing, mit der Sicherung ihrer persönlichen Haut zu verbinden. Sie besorgten sich irgend ein Individuum, das sie zufälligerweise in ihrer Gewalt hatten und opferten dessen Leben — natürlich unter Beobachtung der feierlichsten Religionszeremonien, durch welche sie dem Gotte die Bedeutung des qui-pro-quo ans Herz zu legen suchten, damit dem Opfernden sein Platz in der Walhalla, den er sich so bestellte, bis zu seinem nicht ganz pünktlichen, sondern nach Belieben verspäteten eigenen Eintreffen reservirt wurde. Natürlich konnte man in den ersten Zeiten den Gott nur durch Opferung von Personen der edlen Kriegerrasse befriedigen, sintemal die niedere Rasse mit der Walhalla und mit diesem großen Gotte gar keine Berührung hatte. Jene waren eben, wie der hebräische Mythus ganz treffend sich ausdrückt, „Gottes Kinder", diese dagegen nur „Kinder der Menschen", um die sich der große Gott gar nicht kümmerte, die er vielmehr nur wie Hausthiere und andere Gegenstände zum Gebrauch seiner Kinder, der Gottessöhne, der kleinen Götter geschaffen hätte. Es war übrigens damals in der Zeit des Uebergangs, als der Walhallaglaube natürlich bei einem großen Bruchtheile der Kriegerkaste noch lebendig war, ebenso leicht, einen Substituten für diese Opferung zu erlangen, als es heute für den wohlhabenden Bourgois ist, für sein Muttersöhnchen einen Substituten für den Militairdienst zu kaufen. Denn man muß sich erinnern, daß dem Walhallagläubigen daran gelegen war, dem Strohtode auszuweichen. Die Gelegenheit, den Tod auf dem Schlachtfelde zu finden, wurde aber in diesem Gesellschaftszustande seltener als im Kämpenleben der freien Wanen, und es mußte demnach unter der ärmeren, weniger verweichlichten Klasse der Adelskaste, die noch wirklich walhallagläubig war, eine Menge Leute geben, die, wie die Edlen der nordischen Germanen noch vor tausend Jahren sich geradezu danach drängten, dem Strohtode durch einen blutigen Tod zu entgehen. Die genaue Zeremonie des Opfers können wir sogar unter Beweis stellen, da sie

eben hier im germanischen Norden vor tausend, in Mexiko
dagegen vor vierhundert Jahren noch in Gebrauch war.
Sie bestand in einem Aufschneiden der Brust, das der freie
Sachse an sich selbst vollbrachte, während beim Menschen=
opfer der Opferpriester ein Kreuz einschnitt, das warme Herz,
das vermuthlich, weil es vom Willen und Bewußtsein des
Individuums unabhängig thätig ist, als Sitz der „Seele"
betrachtet wurde, herausriß und es dem Gotte gewissermaßen
unter die Nase rieb, damit derselbe von der Sache die ge=
hörige Notiz nähme. Denn dem Opfernden war dieselbe
keine frivole Spielerei oder übermüthige Laune, sondern ein
sittlich ernstes Werk. Durch seine aristokratisch = erhabene
Stellung in der Mitte eines Trosses ihn vergötternden
Clienten zur dünkelvollsten Ueberschätzung seines Verstandes
und seiner Person herangewachsen, hielt er den großen Gott
auch nur für einen älteren Vetter oder Urahn seiner selbst,
dem er unter Vornahme eines Taschenspieler Hokuspokus
religiöser Zeremonie am Ende eben so leicht ein X für ein
U vormachen konnte, als ihm dies bei den irdischen Göttern,
seinen noch fleischlich existirenden Vettern, gelang.

Mit der fortschreitenden Verbastardirung änderte sich
natürlich auch die Religionsauffassung. Es wurde allmälig
schwer, freiwillige Substituten unter der Abelskaste zu
finden, während die Anzahl derer, die Substituten opfern
wollten, vorläufig noch stieg. Man griff in Folge dessen
allmälig weiter hinunter, opferte vornehmlich, wenn man sie
haben konnte, Kriegsgefangene. Die Aztefen gingen in ihren
Schlachten systematisch darauf aus, die Feinde nicht zu tödten,
sondern sie für die Opferung auf dem Altare Huitzilopochtlis,
des Kriegsgottes, gefangen zu nehmen. Die Kriegsgefangenen
waren ja in der Urzeit auch noch von edlem Blute. Später
nahm man, je mehr Bastarde auch im Krieg verwendet
wurden, diese, endlich — im langen Laufe der Zeit — ge=
wöhnliche Sklaven, und schließlich sogar Thiere und Menschen=
bilder. Die Abschwächung der alten Religion hielt mit dieser

Abschwächung stufenweise Schritt, oder ging ihr vielmehr voran. Es änderte sie an der einen Seite die Verweichlichung der Aristokratie, von der andern Seite das Ueberhandnehmen der Bastardbevölkerung. Ein konfuser Wirrwarr theils der Unsterblichkeitsidee des Walhallaglaubens, zumeist aber des von ihren Müttern ererbten an eine Menge wirklicher, mit menschlicher Leidenschaften ausgestatteter Götter des Olymps, von denen jeder, wie ihre Nachkommen, die Götter der Erde, sich nach Belieben persönlich um das Schicksal dieses oder jenes Individuums kümmern konnte oder auch nicht, trat an seine Stelle, und trieb die verschiedensten Combinations=formen. Einen sittlichen Werth besaßen alle diese Religions=formen nur in rudimentärer Weise, insofern noch Reste des alten Walhallaglaubens der Krieger oder der absoluten Passivität der bienenden Rasse sich in ihnen verkörperten, was natürlich in einer Lokalität in dieser, in der anderen, in jener Richtung mehr der Fall war, je nachdem der ge=schichtliche und geographische Zufall die Blutmischung und die Abhärtung oder Verweichlichung der Bevölkerung be=stimmt hatte. Die abgehärtetsten oder die blutreinsten und walhallagläubigsten Stämme kamen im größeren oder ge=ringeren Umkreise der Reihe nach an die Herrschaft, ver=weichlichten in deren Genuß so schnell, wie ihre Vorgänger, und wurden wiederum überwunden.

In demselben Maaße, in dem diese Veränderung vor sich ging, veränderte sich das Verhältniß zwischen den Patriarchen und den Dienern, in das von Herr und Sklave. Das gegenseitige Bedürfniß, auf das jenes beruhte, die Theilung der Arbeit in die der kriegerischen Gefahr und die der friedlichen produktiven Anstrengung, schwächte sich natur=gemäß ab in dem Maaße, in dem die Herrenrasse durch Bastardmischung und Verweichlichung ihre überlegene Kriegs=tüchtigkeit, andererseits aber die bienende Rasse durch Be=mischung des Bastardblutes ihre unbedingte Feigheit verlor. Jene wurden feiger, diese muthiger, und es mochte gelegentlich

dahin kommen, daß beide Elemente an Natureigenschaften
keinen bemerkbaren, praktisch in's Gewicht fallenden Unter=
schied zeigten. Durch den fortwährenden Uebergang der
Herrschaft des einen an den anderen Stamm, sowie durch
die Willkürherrschaft der absoluten Monarchen wurde es
schließlich Zufall, wer Herr und wer Sklave war, und das
Bewußtsein der Rassenverschiedenheit, wie diese selbst, ent=
schwand immer mehr. In Folge dessen ersetzte sich das Gefühl
des Clienten, das Bewußtsein der Abhängigkeit, der Schutz=
gewährung durch eine immer bitterer werdende Empfindung
der Unterdrückung; jede Sympathie zwischen Herren und
Sklaven entschwand. Was ihr ganz und gar den Garaus
machte, war jener „Fortschritt der Zivilisation", der den
internationalen freundlichen Verkehr, den „Handel" und da=
mit den Sklavenhandel herbeiführte. Während bis dahin
die Herrenkaste sich ihre menschliche Arbeitskraft selbst auf=
zuziehen gezwungen war, und in Folge dessen ein echt „sitt=
liches" Interesse an der Erhaltung und Fortpflanzung des
Theiles der dienenden Rasse besaß, der unter ihrer speziellen
Kontrolle stand, verschwand dieses Interesse durch den
Sklavenhandel. Es wurde durch Grundsätze über den
Haufen geworfen, die dem System der modernen Volks=
wirthschaftslehre an den Augen abgelesen sind. Es war
viel „billiger", besonders für einen noch einigermaßen
kriegstüchtigen Stamm, sich die schon arbeitsfähigen Sklaven
auf Kriegszügen zu holen, oder sie von einem solchen
Stamme einzukaufen, als sie selbst von ihrer Geburt an
zu erziehen. Es war nur noch eine Frage des Kontobuches,
ob man nicht mehr Vortheil daraus ziehen konnte, wenn
man den arbeitsfähigen Sklaven durch alle Antriebmittel, die
man erfinden konnte, zur „wirthschaftlich=intensivsten" Arbeits=
leistung zwang, wenn man ihn auch dadurch in Kürze voll=
ständig aufbrauchte, als wenn man ihn, wie vor Zeiten,
als er erst im Laufe einer Generation ersetzt werden konnte,
nur so anstrengte, daß er auch bis zum Eintreten des Er=

satzes arbeitsfähig blieb. Das Kontobuch sprach für jenen Gebrauch. Kato, der echt sittliche Bourgeois, der respektable Gentleman seiner Zeit rechnete auf Heller und Pfennig aus, daß es wirthschaftlich richtiger und also fortschrittliche Pflicht sei, seine Sklavinnen nicht der Fortpflanzung ihrer Art zu widmen, sondern sie in fabrikmäßiger Hurerei gleich zu verbrauchen, so lange sie jung waren.

Es ist die alte Geschichte, doch bleibt sie ewig neu. Es bricht, wenn sie passiret, die Religion entzwei.

Die Angehörigen der 1001 Völkerschaften die sich dieser Aufnutzung ausgesetzt sahen, hatten allmälig entdeckt, daß alle Zeremonien, Gebete und Zauberformeln, mit denen ihnen gelehrt worden war, die Gunst und den Beistand der Götter ihres Olymps zu erzwingen, absolut wirkungslos blieben. Sie kamen zur Ueberzeugung, daß diese Götter allmälig zu impotenten Schlemmern, Säufern und Hurern geworden, von denen keine Erlösung mehr zu hoffen war. Entweder mußten sie sich also selbst helfen, oder ihre Erlösung aus einem anderen Viertel erwarten. Die muthigeren Elemente griffen zu dem ersteren Mittel und zum erstenmale in der Weltgeschichte finden Sklavenaufstände statt von einer solchen Ausdehnung, daß der Sieg zwischen ihnen und der Herrenkaste eine Zeit lang zweifelhaft wird. Werden sie auch niedergeschlagen, so bricht eine solche Kriegstüchtigkeit doch hier wie immer der Freiheit der Herrenkaste den Hals. Der ehrgeizige Magnat, dem es gelingt, aus dieser Quelle zur Verstärkung seiner Macht zu schöpfen, wirft jene über'n Haufen und sich zum Cäsar auf.

Den weniger kriegstüchtigen Elementen der unterdrückten Volksmasse dagegen war es von Natur nicht gegeben, auf gewaltsamen Widerstand ihrerseits als eine Quelle der Erlösung zu rechnen. Ihr Instinkt zog sie immer noch zur unbedingten Unterwerfung, nur empfanden sie diese ungleich ihrer gelbbraunen, aber in schwacher Wiedergabe des Naturgefühls ihrer weißen Vorfahrenlinie, als eine Aufopferung ihrerseits, für die sie eine Entschädigung in Anspruch nehmen. Wo aber bot sich eine solche? Der Götterolymp ihrer Religion war nicht für sie, ihre Unterwelt dagegen ein gruseliger Nebel, den sie erst recht nicht ersehnten.

In dieser Gemüthsstimmung fanden sie in dem Maaße, in dem die Geschichten ihrer Götterwelt in den Hintergrund treten, ihren besten Trost in „Ammenmärchen", die aus grauester Urzeit von Großmutter auf Enkelin sich in den Hütten der Sklaven fortgepflanzt hatten. Diese Märchen erzählten ihnen, wie dereinst, als die Menschen im Elend wie wilde Thiere lebten, ihnen die Erlösung des goldenen Zeitalters gebracht wurde, des Zeitalters, in dem gegenseitige Liebe zwischen Herr und Knecht, freiwillige Gerechtigkeit und Sündenlosigkeit herrschte, — durch den Heiland am Kreuze, den Christus, der getauft aus einer andern Welt, dem Himmel, auf die Erde niederstieg; sie erzählten vom Dannes, der aus dem Flusse heraus die Menschen belehrte; von der Meerjungfrau, Maria, die den Gottmenschen gebar; von dem göttlichen Schiffer Joseph, der doch nur ein einfacher Zimmermann gewesen; vom Jesus, dem im Wasser getauften, aus der Krippe hervorgegangenen König und Erlöser, der sogar nach seinem Tode wiedergeboren wurde, und zum Himmel zurückkehrte, vom Teufel, dem alten korrupt gewordenen Himmelssohn, der den neuen, aus der Wasserwüste an's Kulturland Gelangenden als Hausmeier zu engagiren versuchte, sofern er jenen nur als Mikado im Besitz der Oberherrlichkeit belassen wolle. Kurz: Alle jene Sagen vorsintfluthlicher Urzeit fanden wieder Beachtung, die die herrschenden Aristokratien, welche Beachtung sie ihnen auch in ihrem Mysterienkultus schenken mochten, doch schon in jener Zeit in der Erinnerung des Volkes zu unterdrücken suchten, als noch die freien Wanen die Meere beherrschten, denen solche Ideen am Ende wohl gar ein freundliches Entgegenkommen bei der bienenden Kaste bereitet hätten. (S. Anhang.)

Neben diesen Ideen aber entfaltete sich eine andere Idee, die seit der Urzeit geschlummert hatte, nämlich die der Unsterblichkeit nicht in der traurigen Unterwelt, sondern in einem Himmel ähnlich der Walhalla, in dem die Menschen für ihre Pflichterfüllung hienieden Belohnung zu erhalten hoffen konnten. Die Pflichterfülluug der Walhalla freilich lag dem Gefühlskreise der Bevölkerung, deren Phantasie an diesen Idealen ihre Hoffnung auf Erlösung zu nähren anfing, ganz fern; ja sie stand im graden Gegensatze zu ihm. Die Besiegung der Feinde, zu der sie sich nicht aufraffen konnte, wurde deshalb ersetzt durch die Besiegung des eigenen Selbst. Mit einem Wort: Der Geist der Unterwürfigkeit, der bei der dienenden Rasse der Urzeit, wie bei Chinesen und Indern sich aus der Rassenfeigheit von selbst ergiebt, und keiner Aufmunterung und Belohnung bedarf, wurde bei der Mischrasse durch den Glauben einer Belohnung im Himmel zum sittlichen Verdienst erhoben. So wurde der Unabhängigkeitstrieb durch das Versprechen seiner Befriedigung im ewigen Dasein selbst die beste Handhabe zur Herstellung der durch die vorwiegende Feigheit, die in Wahrheit jede Aussicht auf Sieg im offenen Kampfe ausschloß, zur Nothwendigkeit gewordenen Gefügigkeit im Dienstverhältnisse, die das Wohlwollen der Herren, die „allgemeine Menschenliebe", und dadurch den sittlichen Zweck der Erhaltung der Art sichern sollte.

Aus der Verschmelzung aller dieser Ideen mit der durch den allumfassenden Cäsarismus der römischen Weltmacht seiner Bevölkerung geläufig gewordenen Idee eines weltumfassenden Alleinherrscherthums ging das Christenthum hervor. Was ihm den schnellen Sieg in der römischen Welt verschaffen half, war der Cäsarismus, der sowohl auf Unterdrückung der Reste der alten Aristokratien, die seine und auch des Christenthums, der „Pöbelreligion", als welche sie ihnen erschien, schlimmste Gegner waren, als auch auf Verschmelzung der großen Menge verschiedener Nationalitäten=

reste ausgehen mußte. Zu diesem Zwecke eignete sich das Christenthum ganz vorzüglich, da es ebensowenig als der alte Instinkt der feigen Rasse, der nur zusammengelaufene Zufallshorden, aber keine Stämme und Stammbäume kannte, irgend einen Unterschied in der Menschheit aufstellen durfte. Der Grundsatz der absoluten Passivität erlaubt gar nicht den Gedanken einer nationalen oder Stammesabsonderlichkeit, die nothwendig ihre Existenz nur durch Achtung vor Besonderheiten, durch Widerstand gegen internationale Einflüsse fristen kann.

Ob das Christenthum mit seinem Verbündeten, dem Cäsarismus, im Römerreiche ohne gleichzeitigen Eintritt eines anderen Ereignisses den Sieg behauptet hätte, mag, wenigstens für den Westen, zweifelhaft erscheinen. Hier war im Gallier- und Druidenthume noch kriegerische Kraft und ein Kastenbewußtsein vorhanden, dem sehr ähnlich, das in Indien unter ganz gleichartigen Erscheinungen, die wir hier nicht weiter zu behandeln den Raum haben, den Kampf gegen die „erlösende" Lehre Buddha's aufnahm, diese vom indischen Boden verjagte, die Kastenorganisation wieder herstellte, und, die Quelle der Gefahr, der diese bald erlegen, nämlich die Bastardmischung der Rassen und Kasten, nunmehr durch eine nicht nur die geschlechtliche Vermischung, sondern selbst den Verkehr zwischen den Einzelkasten verbietende und regelnde Religionsgesetzgebung zu beseitigen suchte, und in diesem Streben einen auf die respektable Zahl von 2000 Jahren hinweisenden Erfolg davongetragen hat.

Das Ereigniß, das im Westen eine solche Sozialreform unmöglich machte, war das plötzliche Wiederauftreten der sächsischen Rasse. Seit 1500 Jahren hatte die mittelländische Welt von den freien Wanen und Sachsen nichts mehr gehört und die Erinnerung an sie lebte, in ihrer ächten Bedeutung schon unverständlich geworden und durch die Philosophen verballhornt, nur noch in der Mythe und den Mysterienlehren der alten Religionen fort. Die Ursache war, wie ich schon früher erwähnt, die große Veränderung des Klimas von Centralasien, die seit der Sintfluth eingetreten, den Rest der freien Sachsen im zweiten Jahrtausend zur Auswanderung in das Neuland im Westen nöthigte. Hier in den unbevölkerten und dem Gesichtskreise der damaligen Kulturwelt entlegenen wilden Wald= und Sumpfgebieten der nordischen Tiefebene wuchsen sie allmälig wieder zu einer Zahl heran, die es ihnen möglich machte, wie vor Alters, abermals ihre jungen Männer auf Auswanderungszüge auszuschicken. Ob die Gallier, die Rom zerstörten, ob Cymbern und Teutonen schon zu ihnen gehören, oder ob dies Aristokratien waren, die durch das Vordrängen der Germanen in die römische Welt gejagt wurden, ist gleichgiltig, weil überhaupt eine scharfe Abgrenzung zwischen ihnen und den Germanen nicht zu ziehen ist, indem sie alle von sächsischer Rasse sind, und sich nur durch eine größere oder geringere Beimischung fremden Blutes unterscheiden.

Für uns ist bemerkenswerth, daß genau zu derselben Zeit, als die ersten Hammerschläge des germanischen Thor gegen die Pforten der römischen Welt deren Völker in bleichen Schrecken versetzten, in Palästina der sonst der Geschichte ganz unbekannt gebliebene Gottessohn geboren sein soll, an dessen Person seine Anhänger alle jene oben erwähnten Sagen und Namen anknüpften, die ihn, dem seit Jahrtausenden entwickelten Geschmacke der großen Volksmenge entsprechend, als Stifter der neuen Religion des Christenthums würdig ausschmückten. Wie man auch sonst über diesen „Zufall" denken mag, wir sind der ganz bestimmten Meinung, daß nur die bleiche Furcht vor den Germanen es war, die den tapfereren Elementen der Bevölkerung des römischen Reiches die Ohren für das Anhören der Lehre von der Selbstüberwindung, dem Preise der Armen und Elenden, kurz von der Erhabenheit des unterwürfigen Gehorsams überhaupt, öffnete. Das gellende Kriegsgeschrei der unüberwindlichen Kämpen, die aus dem nebligen Norden hervorbrangen, war in den nächsten Jahrhunderten die wirk=

same Missionspredigt; und als der Fortgang des Kampfes deutlich zeigte, daß den Eindringlingen der sichere Sieg zufallen mußte, fand die Lehre von der Verdienstlichkeit der gefügigen Unterwerfung allgemeine Anerkennung.

Sie hielt auch, was sie versprach, sie sicherte den Fortbestand der Rasse; indem sie den Germanen endlich einen leichten Sieg, eine fast mühelose Besitznahme der Herrschaft, in die Hand gab, erwarb sie die Schonung der Besiegten, indem sie den Gehorsam der Unterthanen verbürgte, diesen eine milde Herrschaft. Der freie Handel in Menschenfleisch wurde durch die Wiedereinführung der Leibeigenschaft, einer Wiederbelebung des alten Klientensystems ersetzt. — Die Bourgeoisphilosophen Roms mögen über diesen Rückschritt in der Volkswirthschaft genug gewettet haben! — aber das Resultat war doch, wie vor Alters, daß der Herr ein gewisses materielles und menschliches Interesse an der Existenz und dem Wohlergehen seiner Sklaven hatte.

Das folgende Mittelalter ist im Grunde eine Wiederholung der Geschichte der sächsischen Urzeit. Nur ein Punkt bedarf der Aufklärung, nämlich der Uebergang der Germanen vom Walhalla-Glauben zum Christenthum. Soweit die in das römische Reich eingedrungenen Stämme betroffen sind, geschah derselbe ersichtlich aus Politik. Die geringe Menge des Eroberadels machte die Aufrechterhaltung ihrer Herrschaft mit Gewalt, sobald nur die geringste Verweichlichung eintrat, zur Unmöglichkeit, und konnte sich dieselbe nur durch die freiwillige Unterwürfigkeit der Untergebenen behaupten. Eine Beibehaltung der Walhalla-Religion, ihre offene Ausübung hätte das Christenthum der Unterthanen verspottet, den offenen Widerstand herausgefordert. Da die Verweichlichung nicht ausblieb, so war die Annahme des Christenthums eine Nothwendigkeit. Sie rächte sich übrigens schnell genug an den Bekehrten. Es ist geradezu erstaunlich, wie geschwind die germanischen Christen im Vergleich zu den noch Heiden gebliebenen ihre Mannhaftigkeit und Tapferkeit einbüßen. Die Reihenfolge der Annahme des Christenthums ist die Reihenfolge des Unterganges der germanischen Stämme als selbständige Individualitäten. Der große Gothenstamm war schon vergessen, als die heidnisch gebliebenen Normannen erst anfingen, der Schrecken der Meere und selbst der nur vor 100 Jahren bekehrten Sachsen zu werden.

Daß die Sachsen mit Gewalt dem Christenthume zugeführt worden, ist bekannt. Diese Bekehrung dürfte das größte nationale Unglück sein, das das nunmehrige deutsche Volk betroffen. Zwar hätte der Sieg der Sachsen über Karl den Großen zu demselben Resultate geführt, indem einfach eine neue Ueberfluthung des fränkischen Reiches durch die Heiden, und eine schleunige Bekehrung dieser, wie z. B. der späteren Normannen, im Interesse der Politik erfolgt wäre. Hätte der geschichtliche Zufall dagegen in den nächsten Jahrhunderten ein Gleichgewicht zwischen der fränkischen und sächsischen Macht aufrecht erhalten, so lange bis die alte Walhalla=Religion eine nöthige Reinigung und Reformation erlebte, so wäre das sächsische Volk am Ende der Bekehrung und den entmannenden freiheitsfeindlichen Einflüssen des Christenthums, das seinem Wesen durchaus fremd, entgangen.

Die Walhalla = Religion bedurfte einer Reformation, weil ihre Schwäche gegenüber dem Christenthum darin lag, daß sich in sie der Götterolymp, die unhaltbar und sinnlos gewordene Vielgötterei eingeschlichen hatte. Ich bin geneigt zu glauben, daß dieser Umstand darin seine Erklärung findet, daß ein ganz ähnlicher Vorgang, wie der der Unterwerfung und Bekehrung der Sachsen durch die Franken, schon einmal, und zwar in der Urzeit in Zentralasien zwischen Sachsen und Asen sich abgespielt. Diesem Einflusse ist die Odin=Religion und die Götterwelt des germanischen Olymps zuzuschreiben, mit Ausnahme des einzigen Thor, der der große Gott der Ursachsen ist.

Wir sind an dem Punkte unserer Auseinandersetzung angelangt, wo es sich darum handelt, die Frage aufzuwerfen,

ob das Christenthum, als dessen Hauptzweck wir den des
Schutzes der römischen Welt gegen die Vernichtung durch
die Germanen bezeichnen, seine Laufbahn vollendet oder noch
eine Zukunft hat? Daß es seinen Zweck erfüllt hat, und
also als sittliche Institution wirksam gewesen ist, wer kann
es bezweifeln? Nur wenige der germanischen Stämme, die sich
dort als Herren einsetzten, sind der Vernichtung entgangen.
Selbst einen Theil dieser hat das wiederhergestellte römische
Reich des Papstthums noch in seiner Gewalt. Ob der
römischen Kirche ein fernerer Beruf abzusprechen ist?

Soweit aber die protestantische Welt betroffen ist, —
und diese kommt für die Entwickelung der nächsten Periode
der Weltgeschichte ganz vorwiegend in Betracht! — ist das
Christenthum in derselben Verfassung, als der alte Heiden=
glaube zur Zeit der römischen Kaiser. Es hat jeden be=
wegenden Einfluß auf die Massen verloren. Seine Dogmen,
mit denen sich im Jahrhundert der Aufklärung so viele
Geister herumgeschlagen, sind uns zu gleichgiltig, um ein
Wort an sie zu verschwenden. Seine Moral ist es,
mit der wir zu thun haben. Je vorzüglicher sie als
Wiederbelebung des ursprünglichen Geistes der passiven
Unterwürfigkeit ist, um so mehr ist sie, wie dieser Geist
selber, unfähig, den Bedürfnissen einer Gesellschaft zu ge=
nügen. Es ist sonnenklar, daß irgend eine menschliche
Gesellschaft, wenn sie nicht wie die ursprünglichen Horden
der Gelbbraunen ohne jede Spur von Civilisation, Kultur
und Ansässigkeit ein flüchtig=scheues Vagabondenleben führen
will, mit der Moral des Christenthums nicht bestehen kann.
Grundsätze, wie sie in den Worten ausgedrückt sind: „Sehet
die Vögel unter dem Himmel an, sie säen nicht und sie ernten
nicht, und unser himmlischer Vater ernähret sie doch," und
„Giebt Dir Einer einen Streich auf die rechte Wange, so
halte ihm die linke hin"; „Hast Du zwei Röcke, so gieb
einen von ihnen dem, der keinen hat" u. s. w., repräsentiren
den wahren Geist des Christenthums, und werden erst im

Lichte der von uns hier gegebenen Auseinandersetzung überhaupt verständlich. Ohne diese sind sie dagegen so absurd, daß selbst die sich christlich nennenden Prediger dieser Religion nichts mit ihnen anzufangen wissen und vorziehen, sie mit Stillschweigen zu übergehen. Was sie hier aber übergehen, ist der Kernpunkt der Moral, die das Christenthum eben wieder einzuschärfen versuchte. Sie übergehen es, weil die glaubensinnigste Bornirtheit im Bereiche der modernen Zivilisation nicht so beschränkt ist, um nicht zu begreifen, daß eine allgemeine Befolgung dieser Moralanschauung jede Gesellschaft mit Blitzeseile in dem Zustand des Kommunismus der urwilden Vagabondenhorden zurückwerfen würde.

Man ist also allerseits darüber einig, daß bei dieser Moral eine menschliche Gesellschaft überhaupt nicht bestehen kann. Warum? Es fehlt ihr die Ergänzung. Sie ist einseitig, und nur als einseitig ist sie brauchbar! Sie sichert die Existenz einer dienenden Volksmenge, wenn dieser dienenden Volksmenge gegenüber eine Herrenkaste steht, die die Sorge und die Strapazen, deren sich jene Menge auf Grund ihrer Moral entschlägt, auf sich nimmt. Diese Sorgen sind: Die Vertheidigung der Gesellschaft gegen außen, die Aufrechterhaltung der Ordnung und der produktiven Arbeitsthätigkeit im Innern, und die Vertheilung der produzirten Lebensmittel zur Erhaltung und zum Wohlbefinden des Ganzen. Eine solche Herrenkaste kann aber mit der christlichen Moral nicht existiren; sie muß, um ihre Funktion zu erfüllen, um ihre eigene Existenz und die Existenz des Staates, den nur sie erhält, zu sichern und zu behaupten, eine ganz andere Moral haben. Das Volk, — nein — nicht ein Volk ist es, sondern eine bloße — Menschenmenge, eine Conglomeration menschlichen Arbeitsmaterials, das die christliche Moral wirklich, — nicht, wie die modernen Christen, Pfaffen und Laien es thun, die sich um diese Moral nur mit dem Munde kümmern, wenn sie ihre Gebete herplärren! — ehrlich und aufrichtig ausübt, gleicht einem Bündel von Böttcherstäben, aus denen ein gutes Faß hergestellt werden kann, wenn gute eiserne Reifen zur Verfügung stehen. Solange die Stäbe durch die Reifen gebunden und verbunden sind, ist ein brauchbares Faß vorhanden; und solange die christlich-moralische Dienerkaste durch eine nicht-christlich-moralische Herrenkaste gebunden und verbunden wird, kann ein tüchtiger Staat bestehen. Sobald aber die Reifen morsch werden und platzen, wird aus dem Faß ein anarchischer Haufen Brennmaterial; und sobald eine Herrenkaste durch Verfall ihrer Moral morsch geworden ist, fällt der christliche Staat in den Atomzustand vagabondirender Individuen zusammen. Der „christliche" Staat, d. i. der Staat, der diese Firma trägt; denn ein wirklich christlicher Staat hat überhaupt noch nie bestanden, und kann nicht bestehen, er ist ein Unding, eine Lüge, gleich dem berühmten Messer, das weder Heft noch Klinge hat. „Sein Reich ist nicht von dieser Welt". Das ist der bündige Befehl der absoluten Passivität: „Gehorchet der Obrigkeit, die Macht über Euch hat"; eine überaus praktische, weltkluge Regel für Leute, die keine Macht haben. Wie sich aber diejenigen Menschen verhalten sollen, die „Macht haben" und die „in dieser Welt regieren", davon steht im Christenthume Nichts geschrieben. Warum, zeigt unsere Auseinandersetzung. Diese nothwendige Ergänzung, die Moral der regierenden Klasse im christlichen Staate, die für dessen Bestand unentbehrlich ist, ist erst viel später niedergeschrieben worden von — Macchiavell; und die Jesuiten haben es sich zum Beruf gemacht, beide Lehren, den moralischen Doppeladler zum Wappenthier der christlich-römischen Universalherrschaft zu machen. Daß sie mit diesem Versuche nicht durchgedrungen sind, ist lediglich dem Umstande zuzuschreiben, daß bei den germanischen Völkern auch in der Klasse, die nach den christlichen Lehren keinen politisch-sozialen Willen haben, sondern auf dieser Erde nur arbeiten, Maul halten und

Steuern zahlen darf, der altsächsische Rasseninstinkt noch zu mächtig war.

Ohne Germanenthum gäb es keinen christlichen Staat. Oben eine Herrenkaste von Germanen, von sächsischen Instinkten und Moralbegriffen erfüllt, und deßhalb fähig, eine Herrschaft zu führen; unten eine Schicht gläubiger Christen, durch ihre Religion in den Stand gesetzt, widerstandslos zu gehorchen, das ist der Entstehungsprozeß der „christlichen" Staaten; und so bestanden sie. Die unvermeidliche Verweichlichung der Aristokratie trat aber auch hier ein, aus dem erlösenden Gottessohne wurde, wie immer, der verkommene Teufel, aus Recken Gecken, aus ehrlichen, wohlwollenden und praktischen Herren dünkelvoll blasirte Einfaltspinsel, gegen deren korrupte und impotente Narrenwirthschaft sich schließlich der Instinkt der Volksmassen empörte, den diese von ihrer ursächsischen Vorfahrenlinie geerbt hatten, und der, so lange sich das Christenthum der eisengepanzerten Ritter ohne Furcht und Tadel als Zuchtruthe bedienen konnte, in Schach gehalten worden war. Die Galanterienoblesse wurde mit leichter Mühe überwältigt; die Herrenkaste verschwand; es trat wieder der absolute Monarch auf, der sich auf Landsknechte, auf die kriegerischen Elemente der Volksmassen stützte, die eben noch an's Gehorchen gewöhnt, noch zu naiv waren, um den Werth ihrer kriegerischen Kraft als Schlüssel zu den Staatsrechten zu erkennen. Nur instinktweise geben sie ihrem Gefühl in Phrasen undefinirbaren Charakters und Sinnes begeisterten Ausdruck. Diese Phrasen, im Gebiete logischer Argumente ganz unbrauchbar, sind in der Praxis nichtsdestoweniger eine Macht, eben weil sie der Ausdruck des Instinktes sind, der im Besitze der Macht nach Herrschaft strebt. Durch den unter dem Banner dieser Phrasen ausgeübten Druck wird der Absolutismus, gegen den sie sich mit Erbitterung richten, zwar noch nicht überwunden, aber doch gezwungen, allmälig sich die Hülfe der mächtigen Volksschichten durch Konzessionen zu erkaufen. Ueberwunden wird er übrigens bloß deshalb nicht, weil es sich bei jedem wirklichen Konflikte herausstellt, daß die in jenen Phrasen enthalten sein sollende Moral, die sich in wesentlichen Zügen noch aus der Moral des Christenthums rekrutirt, die sie doch andrerseits durch ihre Bestrebungen mit Füßen tritt, sich einer wahrhaft lächerlichen, aber aus der christlichen Moralverwandtschaft ganz naturgemäß hervorgehenden Impotenz in der Leitung irgend welcher praktischen Regierungsangelegenheiten rühmen kann. Die praktische Regierungskunst ist eben nicht „christlich", sie ist auch nicht „human", sondern etwas ganz Anderes.

Auf diesem Standpunkt stehen wir heute. Wir entbehren absolut einer regierungsfähigen Moral. Die Individuen, die zufällig am Ruder sind, sehen ihre staatsmännische Weisheit entweder darin, die Dinge gehen zu lassen, wie sie eben wollen, und ihr Gehalt einzustreichen, und dann nennen sie sich „liberal"; oder aber sie nennen sich „konservativ", erweisen den Zeremonien des Christenthums äußere Achtung, „weil die Volksmassen Religion haben müssen", und suchen im Uebrigen mit allen ihnen zu Gebote stehenden Mitteln in vollständiger Nichtachtung der christlichen Moral die überlieferten Privilegien ihrer Verwandtschaftsklique so viel als möglich zu erhalten. Ehrliche Grundsätze, d. i. Grundsätze, die offen aufgestellt und thätlich befolgt werden, finden sich bei keiner von beiden Parteien.

Wenn trotzdem die Entwickelung der politischen und sozialen Verhältnisse in einer bestimmten Richtung vor sich geht, so liegt das darin, daß eine mächtige, noch nicht zum Bewußtsein gekommene Unterströmung vorhanden ist, die sich um den mit jedem Winde, ob aus der liberalen oder konservativen, ob aus der christlichen oder aus der ungläubigen Ecke herblasend, sich ändernden Wellenschlage gar nicht kümmert, sondern unbeirrt ihren langsamen und stätigen Zug weiter fortsetzt. Das Vorhandensein dieser Strömung, ihre Richtung drückt sich aus im Erwachen der — von allen auf der Oberfläche herumrudernden Staatsmännern, Philosophen, Juden und Pfaffen gemeinsam verabscheuten — **Nationalitätsgefühle**. Langsam und sicher überwinden sie jeden Widerstand der Staatslenker, von Tag zu Tag werden sie energischer, und die Stunde des Erwachens ihres Selbstbewußtseins scheint bereits zu schlagen.

In dieser Strömung liegt das Geheimniß und die Gewalt der Moral der Zukunft. Sie steht im geraden Gegensatze zum Christen, dessen Strebensziel es ist, eine Volksmasse zu schaffen, willfährig, jedem, der zufälligerweise die Regierungsgewalt ausübt, in gleich loyaler Unterthänigkeit das Tedeum zu singen; sie steht im Gegensatze zum Liberalen, dessen Strebensziel die „ganze Menschheit" ist — obwohl er nicht zu sagen weiß, was er mit der „ganzen Menschheit" anfangen will; — sie steht im Gegensatze zum Konservativen, der heute noch den Standesunterschied, einen Rückstand des alten Kastenthums, für größer hält, als den Unterschied der Nationalität, und der seine Tochter eher einem Botokudenfürsten oder einem japanischen Samurai, als einem deutschen Arbeiter oder Bauern in die Ehe geben würde; sie steht im Widerspruche gegen den Bourgeois, der den Menschen nur als eine zweibeinige Maschine ansieht, dazu gemacht, um einen Geldsack als einzig beachtenswerthe Seele herumzuschleppen. Sie steht im Widerspruche mit dem Absolutismus, dessen Strebensziel es ist, eine Maschine zu erfinden, die den lebenden Soldaten ersetzen kann, dem unnützigerweise immer noch Gehirn und also eine gewisse freie Denkfähigkeit anhaftet, und der jede Schranke seiner Willkür, also auch die der Moral und der Nationalität, als rebellische Beeinträchtigung seiner majestätischen Würde betrachtet. Und trotz der beinahe allumfassenden Menge dieser Gegner sieht heute schon der Dümmste von ihnen, daß jene gespenstige, in ihrem Wesen, in ihrer Tragweite noch nicht erkannte Idee der Nationalität beständige Fortschritte macht.

Was ist die Lösung des Räthsels dieser Idee? Einfach

die, daß der durch den Verfall des tausendjährigen Reiches des Feudalismus und Christenthums denkfrei gewordene Mensch wieder anfängt, die Stimme des Natur=Instinktes geltend zu machen, den die Erfahrung seiner gesammten Vorfahrenlinie schon in der Bildung seines Geistes auf ihn vererbte. Und diese uralte Erfahrung ist die, daß das irdische Leben ein Kampf um's Dasein ist, nicht nur gegen die feindliche Natur, sondern unter den Menschen selbst; daß in diesem Kampfe nicht der Einzelne, sondern nur eine fest verbundene Genossenschaft eine Siegesaussicht hat; daß eine Genossenschaft, um fest verbunden zu sein, aus Individuen zusammengesetzt sein muß, die zu einander passen; daß nur solche zu einander passen, die sich einander verstehen, und zwar nicht nur sprachlich, sondern, was wesentlicher, in Charakter, in Anlagen und Trieben, kurz im sittlichen Instinkt; daß diese Anlagen erblicher Natur und also bei gleichen Vorfahren gleich sind; kurz, daß eine Gesellschaft, um den Kampf um's Dasein erfolgreich zu kämpfen, aus Gleichen unter Gleichen zusammengesetzt sein muß, und eine solche Gleichheit nur bei gleicher Abstammung, bei gleicher Rasse, gefunden werden kann.

Gesetzt aber auch, so kann man fragen, das wäre richtig, und die Rasse ein hervorragendes Element des Zusammenhalts, der nöthig ist, um in dieser Welt den Sieg zu gewinnen, wie steht es mit dem Unsterblichkeitsglauben, der doch die Hingabe des Einzelnen an die Gesammtheit wesentlich bedingt? Dem ist zu antworten, daß es wohl schwerlich gelingen wird, einen Unsterblichkeitsglauben oder eine Religion auf wissenschaftlichem Wege zu konstruiren, eine solche muß sich vielmehr aus der sittlichen Nothwendigkeit des Kampfes um's Dasein von selbst erzeugen. Dann aber ist, wenn wir dem Rassenbewußtsein die maßgebende Stellung einräumen, keine Gefahr vorhanden, daß das Einzelindividuum sich seiner Pflichten gegen die Gesellschaft willkürlich entziehen könne. Es ist in sie geboren und kann

sie nicht verlassen, schon deshalb, weil es bei der Allgemein=
heit dieser Idee nirgendwo anders ein Unterkommen finden
könnte. Zweitens an Stelle der Unsterblichkeit der Seele
in einem sehr problematischen Himmelreich tritt hier eine
andere ächte Unsterblichkeit der „Seele", nämlich die durch
die Vererbung aller der Eigenschaften, die die Seele aus=
machen, auf die wirklichen Nachkommen, in der Länge der
Zeit auf die Rasse. Die Unsterblichkeit der Rasse ist
die Unsterblichkeit der Seele. Und in der Ent=
wickelung der Rasse zu größerer Vollkommenheit, die das
sichere Resultat gerade des fortgesetzten und energischen
Kampfes ist, findet die unsterbliche Seele ihre Vollkommen=
heit. Gerade die Erkenntniß, daß das individuelle Leben
immer nur ein vergängliches ist, selbst für das erfolgreichste
Individuum, daß die Summe des Glücks und Unglücks im
Einzelleben sich so ziemlich ausgleicht, erzeugt schon eine
größere Aufopferungsfähigkeit des Individuums für die Un=
sterblichkeit seiner Rasse. Allerdings nur bei Rassen, die
von Natur kriegerisch, bei denen, die seit Jahrzehntausenden
nie kriegerischen Geistes gewesen, dürfte selbst ein Walhalla=
glauben nicht im Stande sein, Tapferkeit zu erzeugen! —

V.
Gegenwärtiger Zustand sittlicher Begriffe.

Der erste Grundsatz unserer Weltanschauung heißt:
Alles, was ist, ist vernünftig. Auch der Liberalismus kam
zum Dasein in dieser Welt auf natürliche Weise und hat
also eine sittliche Existenzberechtigung. Für unsere liberalen
Freunde müssen wir gleich hinzufügen, daß Alles was ist,
auch vergänglich ist, selbst der heutige Liberalismus. So=
bald er seine geschichtliche Aufgabe erfüllt hat, würde er am
„Sittlichsten" handeln, wenn er dem Beispiele des altger=

manischen Kriegers folgend, sich freiwillig den Blutadler ritzte, um ein Begräbniß in Ehren zu sichern! —

Wie wir schon betont haben, unterliegt die ganze organische Welt, und mit ihr der Mensch, einem großen Grundgesetz. Es ist das der Erblichkeit, das den Fortbestand der Art sichert; also sittlich ist. Es ist der Grundsatz des Konservatismus. Aber der Fortbestand der Art wäre nicht gesichert, wenn dieses Grundgesetz unabänderlich starr sein würde. Denn die äußerlichen Umstände, die Bedingungen des Kampfes um's Dasein ändern sich, zwar meist nur in unmerklichem Grade, aber doch fortwährend. Eine Erblichkeit, die gar keine Veränderung der Eigenschaften der Art zuließe, würde im Laufe der Zeit dahin führen, daß die unverändert gebliebenen lebenden Individuen einer jeden Art sich in Lebensbedingungen versetzt sehen würden, denen ihre Eigenschaften nicht angepaßt sind — das Resultat wäre der Untergang der Art: die starre Erblichkeit ist also unsittlich!

Um überleben zu können, müssen die Individuen der Art mit einer gewissen Anpassungsfähigkeit ihrer vererbten Eigenschaften an veränderte Lebensbedingungen ausgestattet sein. Nur die, die diese Veränderlichkeit ihrer Eigenschaften in dem Grade besitzen, in dem die Veränderlichkeit der Naturbedingungen vor sich geht, werden überhaupt fortleben können, also den Fortbestand ihrer Art sichern. Dies Vermögen der Veränderlichkeit ist also sittlich. Auf ihm beruht aber der Liberalismus. Seine sittliche Nothwendigkeit entspringt der Erscheinungsform dieser Grundsätze in der organisirten menschlichen Gesellschaft.

Sobald diese nämlich über die erste Gesellschaftsstufe, in der Jedermann noch der eigene Rächer der ihm zugefügten Unbilden war, hinausgelangte, — stellte sich, und zwar bei dem unvermischten Volke der freien Urrasse, das im Besitz einer unzweifelhaften ererbten Sittlichkeit war, weniger, — bei den entstehenden Kasten- und Bastardvölkern mehr und sogleich, — die Nothwendigkeit heraus, die Handlungsweise der Einzelindividuen für alle sich aus den neuen Beziehungen entwickelnden Möglichkeiten der Begegnung nach festen Regeln zu ordnen. Schon die bloße Beherrschung der Unterworfenen mußte z. B. eine ganze Reihe von Fragen aufwerfen, die im Laufe der Zeit vielfachen Streit unter den Ansiedlern der herrschenden Rasse hervorzurufen geeignet. Die Ansiedler einer Gegend mochten ja auch in den neuen Verhältnissen so fortzuleben suchen, wie sie es von Haus aus gewohnt waren; und die Rache der von Einem erlittenenen vermeintlichen Unbilden jedem Einzelnen überlassen; die Ansiedler eines benachbarten Distriktes mochten aber vielleicht bald durch Erfahrung belehrt werden, daß die mannigfachen Zänkereien, die in Folge dessen aus den neuen Verhältnissen erwuchsen, ihre Vertheidigungskraft gegen ihre Nachbarn wesentlich schwächten; sie mochten in Folge dessen übereinkommen, durch gütliche Vereinbarung ein für allemal gewisse Regeln des Verhaltens der Herren sowohl gegen die Unterthanen, als der Unterthanen gegen die Herren, als endlich der Mitglieder beider Kasten unter sich selbst festzusetzen und anzunehmen, durch welche die Ursachen der Zänkereien in großem Maaßstabe vermieden und noch sich ergebende Streitfälle geschlichtet wurden. Gleichviel wie lange es dauerte, — es mag ja eine lange Reihe von Jahrhunderten darüber vergangen sein, ehe die Ansiedler einer bestimmten Gegend zu einer solchen praktisch wirksamen Vereinbarung gelangten, sicher ist, daß sie sich aus demselben Grunde einstellen mußte, aus dem der ursprüngliche sittliche Charakter überhaupt entstand, nämlich dem, daß die Genossenschaft, welche die den wirklichen Verhältnissen am besten angepaßte Lebensweise zur Sitte erhob, und mit „sittlicher" Strenge beobachtete, allen ihren Nachbarn gegenüber, die ein Gleiches in derselben Vollkommenheit noch nicht erreicht hatten, im Kampfe um's Dasein die Uebermacht erlangen mußte. Entweder befleißigten sich die Nachbarn nunmehr einer gleichen oder noch größeren Strenge der Disziplin, oder sie wurden besiegt und gingen unter. In jedem Falle wurde die Strenge der Disziplin, — zwar nicht allein, aber im Verein mit den anderen Eigenschaften, deren Resultante die Macht ist, — ein unentbehrliches Moment der erfolgreichen Sozialbildung. Je mehr und je schneller sich die Lebensverhältnisse durch Zunahme der Bevölkerung, Erzeugung der Bastarde, ungleiche Entwickelung des Reichthums, Ausdehnung des Verkehrs und der Grenzen des Staates, Erfindung und Entwickelung neuer Thätigkeitszweige, z. B. des Ackerbaus, des Bergbaus und der Baukunst vermannigfachten, desto weniger reichten die ererbten Sittlichkeitsinstinkte aus, desto zusammengesetzter mußten die Regeln werden, die zur Erhaltung der Verträglichkeit der Gesellschaft im Innern zu beobachten waren. Es kam in Folge dessen dahin, daß diese Regeln in ein System gebracht, und als solches von den Einzelindividuen erlernt werden mußten. Auf solche Weise entstanden Gebräuche, die zum „Gesetz" erhoben, und mit den ererbten Sittlichkeitsregeln, und den Ideen, die sich der Mensch über sein Wesen im Allgemeinen, dessen Verhältniß zur Welt, dessen Zweck und Ursache zur Befriedigung seines Wissensbedürfnisses zurechtgelegt hatte, zusammengenommen wurden. Das Ganze wurde nun unter dem Namen der Religion als bindend für das Verhalten des Einzelindividuums angesehen, und die Rache der Gesellschaft traf den, der es wagte, diesen Bestimmungen Trotz zu bieten!

So nothwendig, wie diese Einrichtung zur Herstellung der unentbehrlichen Disziplin auch war, haftet ihr doch im Vergleich mit dem natürlich ererbten Sittlichkeitsinstinkte ein großer Fehler an, der seit jener Zeit in der Entwickelung der gesellschaftlichen Zustände sich fortwährend fühlbar macht. Um allgemein verständlich zu sein, und überall in gleicher Weise zu wirken, ist das System der Religion und des Gesetzes gezwungen, gewisse Handlungen des Menschen schlechthin als gut, andere schlechthin als böse zu bezeichnen. Angenommen, die bestimmten Vorschriften des Gesetzgebers, mag dieser nun ein Individuum oder auch eine Menge gewesen sein, wären wirklich die bestmöglichsten gewesen, — so waren sie das doch nur unter den zur Zeit ihrer Fixirung grade bestehenden Umständen. Nun bleiben aber diese Umstände nicht dieselben, sie ändern sich vielmehr im Laufe der Zeit, während das einmal bestimmte Religionsgesetz starrer unveränderlicher Natur ist. Denn je starrer, je unbiegsamer, je „heiliger" es sich den Individuen des Stammes gegenüberstellt, desto sicherer ist es, seinen sittlichen Zweck der Herstellung der größtmöglichsten Disziplin für den Kampf um's Dasein zu erreichen. Jedes Makeln an dem Gesetze, jede kleine Verbesserung, überhaupt jedes Verbesserungsrecht seitens einzelner Individuen ist bedenklich, weil seine Ausübung eben anderen Individuen, die sich für grade so fähig ansehen, als die Verbesserer, auch vorkommenden Falls das Recht zu geben scheint, auf eigne Faust das Gesetz zu verbessern, d. h. von seiner Regel abzuweichen, die Schranken seiner Disziplin zu durchbrechen, was in einer kritischen Periode zur Auflösung und zum Untergange der Gesellschaft führen kann. Je größer der Respekt vor dem Religionsgesetze, je weniger daran gerüttelt werden darf, um so größer ist die Disziplin der betreffenden Gesellschaft, und das ist ein so gewaltiger Vortheil im Kampfe um's Dasein, daß die Forderung seiner „Heiligkeit" als eine „sittliche" angesehen werden muß. Sie als sittlich zu vertheidigen, ist die Aufgabe des Konservatismus, und in ihr findet derselbe seinen sittlichen Entstehungsgrund und seine sittliche Berechtigung.

Andrerseits haben sich nach einer gewissen Zeit die Umstände verändert. Es sind Lebensbedingungen eingetreten, durch deren Einfluß die Bestimmungen des einmal festgesetzten heiligen Religionsgesetzes wirkungslos werden oder ihren Zweck verfehlen. Es erwächst daraus allmälig ein Schwächezustand der Gesellschaft, der je länger, je mehr deren Fortbestand bedroht. Die „natürliche Sittlichkeit" würde nun eine den neuen Verhältnissen entsprechende Aenderung des Religionsgesetzes verlangen. Da sich aber das Religionsgesetz als „heilig" und als dem Verstande des Einzelnen überlegen hinstellt, existirt gar keine Möglichkeit, das System durch den Gebrauch des Verstandes der Privat= individuen zu verbessern, und wieder, — den veränderten Umständen angepaßt, — zu dem einer kampffähigen Gesell= schaft zu machen. Behauptet in solcher Lage das formelle System sein Recht, jede Abweichung eines Individuums von seinen Gesetzen als hochverrätherisch, unsittlich und ketzerisch zu bestrafen und zu vernichten, so kann es garnicht aus= bleiben, daß die Abweichungen zwischen den Anforderungen des Systems und denen der Wirklichkeit schließlich so groß werden, daß das betreffende Volk gegenüber den Waffen (der Macht, der Kampfmethode, der sittlichen Idee) einer neueren Zeit nicht mehr widerstandsfähig ist. Resultat: Die Nieder= lage des Staates durch einen auswärtigen Feind und sein Untergang als unabhängiges Volksthum!

Ein Volk gegen ein solches Schicksal zu sichern, ist der sittliche Zweck des Liberalismus. Er wird dadurch erreicht, daß die liberale Gesinnung der Individuen dem unerbitt= lichen Gesetz in die Arme fällt und dasselbe zu mildem Auftreten zwingt. Unter dem Schutze dieser Milde wird es erst möglich, Vorschläge zur Reform des bestehenden Ge= setzes an die Oeffentlichkeit zu bringen. Wie unter einem großen Haufen Spreu nur wenige Weizenkörner sind, so werden unter der großen Menge Vorschläge, die das Licht der Welt erblicken, die meisten absolut werthlos, ja, wenn ausgeführt, schädlich sein. Wenn es nun unter einem Volk keine Individuen mehr gibt, die fähig sind, unter diese Menge Spreu die erforderliche Anzahl brauchbarer Ideen zu mischen, wenn es keine Individuen mehr gibt, die fähig sind, diese brauchbaren Ideenkörner zu erkennen, sie zu sammeln, und dem Volke in Gestalt eines verdaulichen Nahrungsmittels vorzusetzen, dann gleicht ein solches Volk einem Weizenfelde mit tauben Aehren. Es fehlt ihm ein unentbehrlicher Faktor der Macht, die Intelligenz, um als unabhängiges Volk zu existiren. Es ist dann seine natürliche Bestimmung, unterjocht und ausgerottet oder zum Sklaventhum benützt zu werden. Und es hat kein natürliches Recht, sich zu beklagen. Denn hier auf dieser Welt ist **nicht** Raum genug für Jeden, dem es beliebt, das Maul aufzusperren; sondern nur für die Tüchtigen. Die Tüchtigen aber sind nur die, die denjenigen Vorrath von jeder der vier Eigenschaften: Kraft, Geist, Muth und Zucht besitzen, der in seiner Gesammtwirkung die **Macht** ausübt, die im Kampfe um's Dasein fähig ist, den Sieg zu erringen.

Der Liberalismus spielt also in der Entwicklung die Rolle des Gespinnstes, das dazu bestimmt ist, die Puppe, die das zukünftige Leben des Volkes vertritt, gegen widrige Einflüsse zu schützen, die derselben sonst gleich bei ihrer Geburt oder schon vorher den Garaus gemacht hätten. Er ist die Nähramme der Idee, deren Vater der natürliche Rasseninstinkt und deren Mutter die Nothwendigkeit des Kampfes um's Leben ist. Sobald aber die neue Idee die Kraft gewinnt, mit der sie naturgemäß selbstständig in's Leben treten muß, ist es ihre erste Aufgabe, ja es ist die Prüfung ihrer Tüchtigkeit für ihren Eintritt in den weiteren Kampf, zunächst das Gespinnst zu durchbohren, in dessen Schutz sie bisher ihr Leben fristete. Sobald die neue Idee sich gefunden hat und anerkannt wird, ist es aus mit dem Liberalismus. Es ist dann auch hohe Zeit, daß er abgethan wird. Denn unter seinem Schutze haben sich nicht nur die rettenden Ideen der Zukunft, sondern alle möglichen Ideen gezeitigt. Der Wahnsinn des unsittlichsten Individualismus, der bewußtermaßen auf das Wohlsein seiner Rasse pfeift, und seinen Bruder für ein Linsengericht verkauft, hält seine Orgien. Neben einem Denker, der zur Gestaltung der rettenden Ideen gebraucht wurde, und den, —

der besten Gedanken, denn die leibliche Person ist bei der Sache ganz gleichgültig! — der Liberalismus von dem Scheiterhaufen der orthodoxen Inquisition gerettet hat, hat er hundert dem Galgen entzogen, die zum besten Wohlsein ihrer Rasse gehängt werden mußten, und die zu lebenden Aasgeiern entfaltet, die Eingeweide der Gesellschaft zerfleischen.

Es ist ihm daraus kein Vorwurf zu machen! Er hat es nicht besser gewußt! Er konnte nicht unterscheiden, welche von den Eiern, die er mit mütterlicher Sorgfalt ausbrütete, der Kukuk ihm in's Nest gelegt hat. In der That entscheidet über die Güte und den Werth des Ausgebrüteten erst die Zukunft, durch die Erfahrungen, die sie bei probeweiser Benutzung der ihr an die Hand gegebenen Ideen macht. Denn jede gute Idee muß sich in der Praxis bestätigen. Wenn sich Theorie mit Praxis nicht deckt, so ist nicht die Theorie gut, und die Praxis sündhaft; sondern die Theorie ist ein Schwindel! die Praxis ist immer wahr; nur läßt sie sich nicht immer in einem Tage oder in irgend einer begrenzten Periode in ihrer vollständigen Wahrheit erkennen. Deßhalb ist die eintägige, aus ihrer persönlichen Erfahrung hergeleitete Anschauung der Individuen über die Praxis der gesellschaftlichen Verhältnisse recht häufig eine falsche.

Welchem Grunde verdankt aber der Liberalismus sein Entstehen? Wer sich daran erinnert, in welcher Weise wir das Zustandekommen des „sittlichen" Gefühls als Rasseninstinkt erklärt haben, kann darüber nicht im Zweifel sein. Das sittliche Gefühl ist wie alle Anlagen des Körpers und Geistes, als deren Quintessenz es betrachtet werden kann, das Resultat der Erblichkeit, das aus sämmtlichen Erfahrungen der Vorfahrenlinie des Menschen hervorgeht. Gesetzt nun, dieses sittliche Gefühl sei zu einem gewissen Zeitpunkte der Geschichte der Rasse, die eine Erfahrung von m Jahren durchlaufen hat, absolut getreu in einem Religionsgesetze M verkörpert worden. Es vergehen aber weitere n Jahre, in

der die fortlebende Raſſe abermals Erfahrungen macht, die
ſich unbewußt ihrem Geiſte einprägen, und deren Ergebniß
in den Raſſeninſtinkt übergeht. Es iſt dann nach Ablauf
dieſer Jahre ein Raſſeninſtinkt, d. h. bei jedem durchſchnitt=
lichen Individuum der Raſſe ein Sittlichkeitsgefühl, ein
unbewußter Naturantrieb zu gewiſſen Handlungen vorhanden,
deſſen ächter religiöſer Charakter = (M+N) iſt. Das
wirklich beſtehende Religionsgeſetz aber iſt nur = M. Es
entſteht alſo ein Konflikt zwiſchen dem Religionsgeſetz, (M)
das jedem Individuum durch Lehre zum Bewußtſein gebracht
wird, und zwiſchen dem unbewußten Naturantriebe (M+N)
des angebornen Sittlichkeitsgefühls. Das Reſultat dieſes
Zwieſpalts iſt eine Unentſchiedenheit des Auftretens des
durchſchnittlichen Individuums. Einzelne Perſonen mögen
dieſe Unentſchiedenheit theils durch „Glaubensfanatismus",
theils durch Abſtreifung des Glaubens und bloße Inſtinkt=
handlungen (unter dem Feldgeſchrei der „Freiheit") über=
winden; die Maſſe aber zieht es vor, jeder entſchiedenen
Handlung auszuweichen. Das iſt aber eben der Liberalismus,
deſſen ächteſtes Charaktermerkmal eine abſolute Abneigung
gegen alles kräftige Auftreten, gegen jede poſitive Handlungs=
weiſe iſt, und deſſen paſſender Wahlſpruch das „Machen=
laſſen und Gehenlaſſen" iſt.

Die liberale „Aera" dauert nun ſo lange, bis die
Maſſe auch wieder erſt durch Erfahrung, durch die Ein=
wirkung der unvermeidlichen Entſittlichung, die „dem Machen=
laſſen und Geſchehenlaſſen" folgt, genöthigt wird, gegen
deren praktiſche Folgen Schutz zu ſuchen. Dieſe Nothwendig=
treibt den vorhandenen Konflikt auf die Spitze, zur Kriſis,
zur Entſcheidung. Im Entſcheidungskampfe, der ſich natürlich
jeder Handhabe bedient, werden alle praktiſch erſcheinenden
Hilfsmittel, die die unter dem Einfluſſe des Liberalismus
ſtattgehabte Erörterung aller möglichen Fragen nahe legt,
nun wirklich in die Probe genommen. Dieſe entſcheidet,
welche vom praktiſchen Werthe, alſo wahr ſind; ſie werden

denen, die Rasseninstinkte und das alte Religionsgesetz an die Hand gegeben, und die sich wiederum bewährt haben, beigesellt, und aus deren Verschmelzung stellt die siegende Partei die Grundzüge des neuen Religionsgesetzes auf.

Das Wort „Religionsgesetz" gebrauche ich hier, wie der intelligente Leser schon begriffen haben wird, im Sinne des Alterthums. Es ist der Inbegriff der gesammten Theologie, Philosophie, Jurisprudenz, kurz der Sozialwissenschaft im „sittlichen" Sinne. Es bedarf kaum der näheren Ausführung, und ist leicht zu begreifen, daß alle diese Theilwissenschaften, ja daß sogar die exakten Wissenschaften demselben Entwickelungsgesetz unterliegen. In den exakten Wissenschaften nimmt die Theorie die Stelle des Religionsgesetzes ein, das ja auch nur eine Theorie ist. Theorieen enthalten nie die absolute Wahrheit, weil die Erkenntniß der absoluten Wahrheit eine Unendlichkeit ist, der wir uns immer nur bruchstückweise nähern. Jedes Religionsgesetz, sowie jede wissenschaftliche Theorie (z. B. die Atomtheorie, die Aethertheorie u. s. w.) ist nur ein den jeweilig herrschenden Auffassungen entsprechender Versuch der Annäherung an die absolute Wahrheit, und ein konsequent fanatischer Anhänger der absoluten Wahrheit mag sie als ungehörig bezeichnen. Aber sie sind berechtigt, weil sie praktisch unentbehrlich sind. Ohne Theorie würden wir noch gar keine Wissenschaft haben und alle Einzelbeobachtungen, die die ganze Menschheit gemacht, würden ganz nutzlos geblieben sein, und zu gar keinen Folgerungen geführt haben. Eine Anhäufung von Einzelbeobachtungen, z. B. der ethnologischen Ueberreste, die jetzt von allen Ecken und Enden der Welt zusammengeschleppt werden, erzeugt, wenn dieselben nicht an dem Leitfaden einer Theorie geordnet werden, wohl eine Rumpelkammer, in der dem Beschauer der Kopf wüst wird, aber kein ethnologisches Museum. Nur der, der eine Theorie hat, kann die Einzelbeobachtungen überhaupt verwerthen.

Verschiedene ethnologische und anthropologische Professoren

werden nicht müde, dem Publikum zu erzählen, es sei noch
nicht Zeit, Schlüsse zu ziehen, man müsse vorerst die Samm=
lungen noch vergrößern, und die Thatsachen an's Licht
stellen. Ich bedaure, daß ich in meiner Ansicht von diesen
Herren abweichen muß. So lobenswerth das viele Sammeln
ist, so bin ich doch der Ueberzeugug, daß Material, auf
Grund dessen wesentlich neue und andere Schlüsse gezogen
und Theorieen aufgestellt werden können, als auf Grund des
schon Vorhandenen, nicht mehr beigebracht werden wird.
Mit dieser Ueberzeugung habe ich, wie ich glaube, bei voll=
ständiger Berücksichtigung aller bekannten Hauptthatsachen
der historischen, linguistischen, ethnologischen und anthropo=
logischen Forschungen die hier aufgeführte geschichtliche Theorie
aufgestellt, die alle Einzelerscheinungen zusammenzufassen und
sie naturgemäß zu erklären versucht. Es mag sein, daß die
Durchforschung Zentralasiens und China's, die weitere Ent=
zifferung Altassyriens und Aegyptens noch über einige Details
Luft bringen wird, aber an der Hauptsache dürfte sie
schwerlich irgend etwas ändern. Deßhalb glaube ich, daß
der Tag für eine durchgreifende Theorie gekommen ist, weil
nur durch Benutzung eines solchen Fadens der ungeheure
Wust von ethnologischem, anthropologischem, archäologischem
Material aus dem Rumpelkammerwirrwarr, in dem er jetzt
ebenso effektiv begraben liegt, als an seinem ursprünglichen
Fundorte, in einen systematischen Zusammenhang gebracht
werden kann!

Noch in einem Punkte müssen wir dem Liberalismus
sein Recht wiederfahren lassen. Wir müssen dabei voraus=
schicken, daß derselbe aus zwei Schattirungen besteht. Mög=
licher Weise müßten wir jetzt schon sagen: bestand; nämlich
in den Tagen seiner Allmacht und seines Glanzes, die jetzt
vorbei sind. Der Liberalismus ist, seitdem er etwa im
siebenten Jahrzehnte dieses Jahrhunderts den Höhepunkt
seiner Entwickelung erreicht, in einem unaufhaltsamen Nieder=
gange begriffen, der nunmehr schon dem blödesten Auge

deutlich erkennbar wird. Unter der einen der beiden Schattirungen, die sich als sonderbare Bettgenossen in ihm zusammenfanden, gewinnt er keine Rekruten mehr, die anwachsende Jugend dieser Richtung, deren Väter ihrerzeit sammt und sonders liberal gewesen, ist für ihn verloren.

Beide Schattirungen sind Ergebnisse der Bastardmischung. In der Einen überwiegt der kriegerische Rasseninstinkt der altsächsischen Rasse, der sich vornehmlich um das Banner der „Freiheit" schaarte, und einem aktiven Vorgehen hold war. Es sind die langbärtigen Revolutionäre; Drachen, von denen die Polizeiberichte der patriarchalischen Regierungen Deutschlands in der Mitte des Jahrhunderts Wundermären berichten, denen ähnlich, die sich die gelbbraunen Horden der Urzeit von den haarigen Esau's, Wasserungeheuern, erzählten, die geheimnißvoll an der Küste herumschweiften und das Land unsicher machten. Als ächtesten Mustermensch dieser Klasse, die sich durch eine Ueberfülle von Enthusiasmus, und durch einen Mangel kühlen Verstandes kennzeichnet, mag der badische Revolutionär Hecker bezeichnet werden, den Verfasser im amerikanischen Sezessionskriege kennen lernte. Mit naiv=ungestümem Jünglingsmuthe jeder Fahne, die roth war, und jedem Geschrei von „Freiheit" nachlaufend, machte sein Gebahren sowie seine Tapferkeit den Eindruck eines immerwährenden Rausches. Selbst aufrichtig, unüberlegten Eifers voll, war er nicht fähig, eine Korporalschaft in Ordnung zu halten, und beständig das blinde Werkzeug schlauer Höflinge und Schmeichler, die ihn als Sturmbock zum Angriff auf ihre persönlichen Feinde benutzten, die seiner Phantasie als die umzubringenden Tyrannen und Schufte vorzustellen ihren Gaukelkünsten ein leichtes war. Leuten dieses Charakters wohnt ein Element größter Popularität inne. Ihre Eigenschaften sind die der Jugend, die selbst in ihren Fehlern immer liebenswürdig und gern gesehen ist. Vergeudet sie ihre Kräfte auch ganz verstand= und wirkungs= los, so freut man sich doch des guten Willens=, und wird

in ihrer Gesellschaft selbst von der Wärme des Gefühls=
rausches angenehm berührt und hingerissen. Hierin liegt das
Geheimniß der allgemeinen Sympathie, deren unser Muster=
bild Hecker, obwohl er absolut gar Nichts Nützliches weder
im Felde der Gedanken noch dem der Thatsachen zu Wege
brachte, während seines ganzen Lebens genoß, und deren sich
der Liberalismus in den Jahren seiner Jugendfrische und
seines Glanzes ebenfalls erfreute.

Diese Klasse von Menschen wendet sich heute dem
Liberalismus nicht mehr zu. Die mehrfachen Enttäuschungen,
die der rosigen Hoffnung, im Ansturme eines jugendlichen
Berserkerrausches den „Teufel der Tyrannei" leicht über=
winden, das „Böse" aus dieser Welt hinauswerfen, und in
ihr eine irdische Walhallaseeligkeit im Handumdrehen her=
stellen zu können glauben, regelmäßig auf dem Fuße gefolgt,
haben endlich der jugendlichen Hoffnungsillusion diese Rich=
tung verleidet. Gegenwärtig sieht sich diese zahlreiche Klasse,
von denen sich nur Einige der Sozialdemokratie zuwenden,
ohne ein bewußtes Strebensziel ihres ungestümen Dranges.

In der zweiten Schattirung des Liberalismus überwiegt
die Tendenz der niederen Rasse. Ihr Bannerwort ist „Gleich=
heit", die sie aber nicht erkämpfen, sondern von irgend einer
über sie schwebenden Allmacht als Geschenk erhalten will.
Diese „Geschenks"=Idee ist der ächte Geist der unbewußten
Geringwerthigkeit. Zuerst lebten diese Menschen von dem,
was ihnen die Natur, in der sie wild vagabondirten, frei=
willig gewährte, dann von dem, was ihnen die irdischen
Götter, von denen sie als Arbeitsthiere verwandt wurden,
zutheilten; dann sahen sie die himmlischen Götter und den
allmächtigen Gott als Geschenkurheber an, an den ihre Bitten
zu richten waren; heute ist es der allmächtige Staat, der als Vor=
sehung über der Gesellschaft schwebend, ein unabhängiges Dasein
führt, und im Besitze eines unergründlichen Fortunatussäckels
ist, den er nur zu schütteln braucht, um seine lieben Kinder,
seine getreuen Unterthanen mit Geschenken aller Art, Pensionen,

Gehalt, Altersversorgungen, Gratifikationen und wie sie alle heißen, so zu überschütten, daß sie nur das Maul mit recht lautem Bittgeschrei aufzusperren brauchen, um es sogleich mit einem im Schlaraffenland gebackenen Pfefferkuchen vollgestopft zu kriegen.

Diese Menschenklasse bildet heute den großen Haufen der Liberalen. Ihre besondere Eigenthümlichkeit, an der man sogleich ihre Rassenabstammung erkennt, ist eine unüberwindliche Abneigung gegen jede kriegerische Thätigkeit. Der „ewige Friede" ist der Weihnachtsbaum, den die gütige Allmacht des Staates aus ihrem bodenlosen Santa=Claus=Sacke mit Geschenken zum Besten ihrer gehorsamen Kinder recht bunt auszuputzen hat. Die bloße Idee, daß die Gewalt, die Macht, die Kraft, die Ueberlegenheit auch ein „natürliches Recht" des Lebens und der Bethätigung haben könnten, erfüllt sie mit gespenstigem Grauen, dem sie in der Weise ungezogener Kleinen, die die Ruthe lange nicht gesehen haben, mit strampelndem, ohrengellendem Geschrei Ausdruck geben, in dem sie diesen Eigenschaften die kindische Zumuthung stellen, sich durch den Selbstmord freiwillig impotenter Unthätigkeit von der Welt zu schaffen, auf der sie höchst überflüssig seien, und nur die Gemüthlichkeit störten.

Da nun diese kindlich=abhängige Gemüthsverfassung gar nicht im Stande ist, unabhängig zu existiren, oder auch nur zu denken, so bedarf sie gerade wie jene erste Schattirung des blinden, jugendberauschten Berserkerthums natürlich einer Leitung. Diese wird ihr von gewissen schlauen Elementen zu theil, die dem ganzen Ideenkampfe fremd und theilnahmslos, aber in Folge dessen mit kühler Berechnung und Umsicht gegenüberstehen, sich aber nun mit dem Anscheine der allergrößten Theilnahme heranbrängen. Indem sie die bestehenden Gewalten durch gelegentlichen Hinweis auf die blinden Berserker nach der rothen Freiheitsfahne einschüchtern, suchen sie sie zur möglichst bunten und reichen Ausschmückung des Weihnachtsbaumes zur Befriedigung der nach Geschenken schreienden Gleichheitskinderlein zu bewegen. Da die unschuldigen Kleinen nun aber selbst nicht hinaufreichen können, um die Geschenke herunterzuholen, spielen Jene die Vermittlung, theilen die bunten Papierschnitzel munter unter die jauchzende Menge aus, und stecken die reichen Anhängsel mit geläufiger Taschenspielerkunst in die unergründlichen Höhlen des eigenen Kaftans. Merken die Kleinen nachher, daß die ausgetheilten bunten Gaben nur unnütze Papierschnitzel sind, nun so schreien sie desto lauter den allmächtigen Staat an, ihnen endlich die nährenden Pfefferkuchen an den Weihnachtsbaum zu hängen. Auf den liebenswürdigen Vermittler würden sie gar kein Auge werfen, wenn nicht allmälig seine nächsten Nachbarn empfänden, daß durch das fortwährende Anschwellen des aufgeblasenen Kaftans der Dielenraum, auf dem sie stehen müssen, um in der gedrängten Weihnachtsstube der staatlichen Bescheerungen überhaupt bleiben zu können, anfängt immer enger und erdrückend eng zu werden. In dieser Lage befinden sich die liberalen Kindlein heute.

Unterdessen hat aber die Klasse, die sich, uneigennützig der Unselbständigkeit und jugendlichen Unbesonnenheit erbarmend, die Leitung des Liberalismus unternahm, wohl entdeckt, welche Gefahr für die Anschauung, ohne welche die ganze für die Leiter so profitable Komödie unmöglich, aus dem Naturgesetze erwächst, von dem wir unter dem Namen des Malthusischen ausgegangen sind. Es anzuerkennen, hieße den Ast absägen, auf dem sie sitzen. So suchen sie denn, soweit sie es ihrem Anhange nicht verschweigen und verbergen können, es durch Bepflasterung unkenntlich und für sie — unschädlich zu machen. Sie behaupten, das wäre gar nicht so schlimm, das regulirte sich selbst (was notabene Niemand bestreitet, sintemalen es sich nur um das Wie und Wohin der Regulirung handelt!) und übrigens könnte man, wie der Entdecker Malthus ja selbst meinte, die Wirkung dieses Gesetzes durch Habits of Prudence, zu deutsch: durch Klugheitsgebräuche, Vorsichtsgewohnheiten beseitigen.

Habits of Prudence. Da wären wir bei dem liberalen Rezept zur Heilung der sozialen Frage. Malthus und nach ihm der ächt typisch-liberale Durchschnittsphilosoph, der in dieser Rolle berühmt gewordene John Stuart Mill, lassen sich nun aber wohlweislich nicht darüber aus, aus welchen Bestandtheilen dieses unfehlbare Geheimmittel zusammengesetzt werden solle. Sie sichern sich dadurch gegen den Vorwurf, den man einigen unbesonnenen Nachfolgern, die unvorsichtigerweise aus der Schule zu schwatzen anfangen, nicht ersparen kann: daß die von ihnen empfohlene Medizin eine überzuckerte Giftpille sei, in seiner Wirkung ähnlich dem Lutschbeutel, den, mit Opiaten gefüllt, die moderne Modemutter ihrem Säugling in den Mund steckt, um ihn im Zustande anständiger und würdevoller Ruhe zu erhalten, während sie, um ihrem Drange nach höherer Bildung, als beim Nähen, Waschen und Kinderabwarten zu erlangen ist, zu genügen, in die Säle der freien wissenschaftlichen Vereinigung eilt, in denen der ächte Fortschrittsmann, der politisch-ethnologisch-anthropologisch-archäologische Medizinalphilosoph Professor Dr. Meier seinen weltberühmten Vortrag: „Ueber Veredlung des Menschengeschlechts und Herstellung des ewigen Friedens durch Idealisirung der Mutterliebe und der Kindespflege; Eintrittspreis 6 Mark, Vorausbestellung 50 Pfg. extra; Abonnement Rabatt" — in eigener Person abzuhalten geruht. Dort will sie lernen, wie man das Echauffement der realen Mutterliebe und die Vulgarität der realen Kinderpflege vermeiden kann?

„Wie?" sagt der liberale Herr Professor, als er in seinem Vortrage mit der physiologischen Beschreibung des zuschlägigen Naturprozesses zu Ende gekommen ist. „Sie fragen: Wie? Ei, meine hochedlen, hochgeehrten Herren und Damen, bei dem noch nie dagewesenen Fortschritte der Wissenschaften macht das gar keine Schwierigkeiten mehr! Sehen Sie hier einen höchst vorzüglich gearbeiteten Gegenstand, — den Sie übrigens, beiläufig gesagt, am Ende meines Vortrags von den Thürhütern das Dutzend zu blos fünf Mark, en gros bedeutend billiger, in Empfang nehmen können! Dieser einfache Gegenstand, Sie werden sich wundern, unscheinbar wie er ist, ist er doch der neue, der wissenschaftliche Messias, dem gelingen wird, was dem alten, den wir abgethan haben, nicht gelungen ist, die Erlösung des Menschengeschlechts. Ist das nicht der idealste Zweck des menschlichen Lebens? Sie wissen, daß der Kampf um's Dasein die Ursache des Elends ist; und daß dieser Kampf um's Dasein nur daher rührt, daß die Menschheit, die bisher unwissend und ohne Selbstbeherrschung dem Viehe gleich gelebt hat, im Verlauf des physiologischen Prozesses den ich Ihnen eingehend beschrieben habe, der Natur, anstatt sie zu unterjochen, den freien Lauf gelassen hat, den diese brutal und gleichgiltig gegen die idealen Güter und die humanen Bestrebungen, denen wir als höhere Wesen uns hinzugeben bestimmt sind, zur Erzeugung der Grundursache des Elends mißbraucht, einer Ueberfülle unglücklicher Geschöpfe, die anständig zu ernähren sie nicht im Stande ist. Bedenken Sie, hochgeehrtes Publikum, welche Erniedrigung für unser ideales Bewußtsein, uns dieser Gemeinheit der Natur zu unterwerfen! Wir, deren Brust stolz vom Freiheitsdrang erfüllt ist, sollten uns einer solchen tyrannisch=brutalen Gebieterin unterwerfen müssen? Mitnichten, wir kündigen ihr den Gehorsam mit dieser unscheinbaren Waffe der Erlösung, von der das Stück blos lumpige fünfzig Pfennige kostet, den wahren und ächten Stein der Weisen, nach dem die Welt so lange gesucht; der aber nicht hart ist wie ein Stein, sondern milde, weich, geschmeidig, dehnbar; ja, Sie erlauben mir es wohl, mit Stolz ein ruhmreiches Wort zu gebrauchen: Liberal, wie Gummi Elastikum —"

Und so weiter! Ein viel unfehlbareres, viel zuverlässigeres Mittel, das der Herr Professor im Geschäftsdrange übersieht, wäre es, die liberalen, humanen und idealen Herren insgesammt zu — Eunuchen zu machen, was sie ja in viel=

facher Beziehung ohnehin schon sind. Probatum est. Das
wäre am Ende auch „sitttlich", was man von der liberalen
Gummimoral nicht sagen kann. Geschichtlich hat sie, — sie
ist ja keine neue Erfindung, die vielbewunderte Zeit der
klassischen Griechen und Römer hat sie auch gekannt, —
immer nur den Erfolg gehabt, die Bevölkerungsschicht, die
sich ihr hingab, ganz und gar, und das Volk, das sie
duldete, als unabhängiges Volk zu vernichten! —

Das muß doch wohl seine Gründe haben; die uns
der ideale Herr Professor Fortschrittsmeier aber schwerlich
herzählen wird. Es stört ihn im Geschäft, an solche Baga=
telle zu denken. Nichtsdestoweniger liegen sie auf der Hand.
Die Bevölkerungsschicht, die diese liberale Moral annimmt,
ist dem unfehlbaren Aussterben gewidmet. Ganz abgesehen
davon, daß sie wahrscheinlich unmittelbar die Gesundheit
ihrer Praktikanten angreift, bricht sie alle Schranken der
Keuschheit und der ehelichen Treue, indem sie deren Gründe
vernichtet. Ungezügelter Geschlechtsgenuß in allen denkbar
reizenden Formen kann einer solchen Bevölkerung nur noch
als harmloses Vergnügen erscheinen, und in frühester Jugend
schon geübt, führt es zur schleunigsten Erschöpfung der
Körperkräfte in einem Alter, in dem keusche Menschen noch
jugendkräftig sind. Es ist nun das Eigenthümliche dieser
Sitte, daß sie unter den Gesellschaftsschichten ganz allgemein
wird, die sich einer bequemen Lebenshaltung zu widmen die
Mittel haben oder auch nur haben wollen,*) während die
Schichten, die tagtäglich mit Noth und Elend kämpfen, denen

„Voyez vous, monsieur, ce sont les enfants, qui sont lourds."
„„Sans doute. Si nous en avions eu un second, jamais
nous n'aurions pu joindre les deux bouts. — Aussi, rappelez
vous, Jules, ce que j'ai exigé, en vous donnant Marie: un en-
fant, pas plus, ou nous nous fâcherions! .. Les ouvriers
seuls pondent des petits comme les poules, sans s'in-
quiéter de ce, que ça coutera. Il est vrai, qu'ils les lâchent
sur le pavé, de vrai troupeaux de bêtes, qui m'écoeurent dans
les rues."„

in diesem Zustande Alles gleichgiltig geworden ist, sich ihr
niemals hingeben, und hierzu auch um so weniger Motiv
haben, je mehr eine Armenpflege gerade die Existenz der
ohne sie nicht Lebensfähigen ermöglicht. Die ächteste, die
nothwendige Ergänzung der liberalen Gummimoral wäre
nun die Abschaffung der Armenpflege. Zu dieser oder über=
haupt sich zu ermannen, ist ihr unmöglich. Denn die Ab=
schaffung der Armenpflege würde eine direkte Anerkennung
des Kampfes um's Leben sein, gegen die sie sich ja eben
sträubt. So sitzt der Liberalismus zwischen Scylla und
Charibbis. Mit der Gummimoral sucht er den Kampf um's
Leben, von dessen Existenz er der Welt Nichts zeigen will,
leise und geräuschlos zur Hinterthüre hinauszuwerfen. Zur
Vorderthüre aber bringen ihm die Schaaren der Bettler
und des Lumpengesindels hinein, die er nicht zurückweisen
kann, weil er sonst das Geräusch des Kampfes um's Leben,
das seine „Nerven" nicht ertragen können, das so
„unanständig" ist, an seinem edlen Portal und auf
der offenen Straße haben würde. Das Resultat
ist ein Kreislauf des Lebens entgegengesetzter Art,
als er sich unter dem Gesetz der freien Sittlichkeit vollzieht.
Während dieses die Erhaltung der Rasse durch die Fort=
pflanzung der tüchtigen Familie sichert, tödtet die liberale
Gummimoral mit maschinenmäßiger Regelmäßigkeit die „an=
ständig" sein wollenden Klassen der Gesellschaft, und ersetzt
sie durch Individuen aus der Gesellschaftsklasse, die unter
dem Niveau der „Anstandsregeln" steht, ihren Lüsten, —
nach dem Vorbilde der anständigen Klassen — ohne Be=
schränkung, Lauf läßt, auch ohne die der Gummimoral, die
sie schon deshalb nicht anwenden kann, weil sie Geld kostet.
Eine vollständige Auflösung des Familienlebens in beiden
Schichten; die Verwandlung der Ehe in einen ökonomischen
Kontrakt zwischen einem den Mann spielenden Individuum
und einem mehr oder weniger aufgedonnerten Weibsbilde;
fortwährende Gewöhnung an größere Bequemlichkeit, größere

„Anständigkeit" in der oberen Schicht, die durch immer größer werdende gummimoralische Einschränkung ermöglicht werden muß; unbeschränktes geschlechtliches Heerdenleben; und ganz willkürliche Erzeugung von Kindern in der unteren Schicht, je elender, je besser, denn je größer die Staatsprämie der Armenunterstützung, das ist die Fortpflanzungweise eines solchen Volkes. Und das Resultat: fortwährende Ausrottung der „Anständigen" durch den Selbstmord des Kindermangels, fortwährende Ersetzung der Anständigen durch die im friedlichen Erwerb Tüchtigsten der unteren Schicht (in der Regel spitzbübische Lakaien) die wiederum dem anständigen Selbstmorde sich widmen, Erzeugung der gesammten Nach= kommenschaft durch das allererbärmlichste Gesindel: also die fortwährende geistige und körperliche Verkrüppelung, Ver= kümmerung, Verschlechterung der Rasse; ein allgemeiner Schwächezustand der Gesellschaft, ein gänzliches Verschwinden jedweder Kriegstüchtigkeit.

Das geht solange fort, bis sich in der Nachbarschaft ein Volksstamm findet, der noch irgend welche Kriegstüchtig= keit besitzt, den gummimoralischen Staatsverband angreift; zu siegen braucht er gar nicht, sintemal die ganze Gesellschaft sich bei dem bloßen Dröhnen seines Angriffs schon vor ihm auf den Bauch wälzt. Was weiter folgt, das hängt von dem Stamme ab, der die Eroberung vollzieht. Beliebt es diesem, die ganze Bande von Individuen, die er auf dem in Besitz genommenen Erdboden vorfindet, todtzuschießen, wie die Yankees in Nordamerika gethan, nun, dann ist die Ge= schichte sie los geworden; gefällt es ihm, sie als Nutz= und Arbeitsvieh zu gebrauchen, so hängt die Art ihres Gebrauchs von der Beschaffenheit der Herrenkaste ab. So lange es noch kriegerische Völker giebt, ist die bloße Möglichkeit, daß die gesammte Menschheit sich der Gummimoral ergeben würde, wohl kaum der Erwähnung werth. Ihr wahrscheinliches Resultat würde am Ende ein Zurücksinken in ein hasen= feiges, schnatterndes Affenheerdenthum sein, da schließlich von

irgend einem anderen Säugethiere, das durch energische
Zuchtwahl vollkommener geworden, die Uebermacht unter den
lebenden Geschöpfen, die Herrschaft der Welt erreichen würde,
als Material zu Frühstücksbraten betrachtet werden könnte,
grade wie die zivilisirte Ameise von ihrem Rüsselbär verspeist
wird. Uns kann das Schicksal solcher Kreaturen überhaupt
nicht mehr interessiren. Unser Interesse, unsere Sympathie
wendet sich unseres Gleichen zu, Wesen die unseren Geschmack
theilen, die fähig sind, unsere Ideen zu begreifen, die unser
Seelenleben fortpflanzen und vollkommener gestalten können,
und dadurch dessen Fortdauer, die Unsterblichkeit der
Seele zu sichern fähig sind. Solche Wesen sind nur auf
dem Wege der natürlichen Sittlichkeit des freien energischen
Kampfes um's Dasein zu erzeugen und zu höherer Voll=
kommenheit zu entwickeln.

Damit ist nicht gesagt, daß wir „Vorsichtsgewohnheiten"
Werth absprechen wollten. Im Gegentheile: Wir schätzen
sie sehr hoch; ja wir betrachten sie als maßgebend, nur
verstehen wir sie in ganz anderem Sinne als der Liberalismus.
Die Vorsicht, die dieser predigt, ist die Klugheit des indivi=
duellen Wohllebens, das in der Befriedigung seiner Gelüste
Glück sucht. Diese Jagd geht einem unerreichbaren Irr=
wische nach, und bringt selbst den wenigen, wirklich Erfolg=
reichen nicht das Glück, sondern den Ekel, die Uebersättigung,
den Pessimismus: das Gefühl der Nichtigkeit, der Schwäche,
des Verfalls, der Sterblichkeit, kurz der Eitelkeit der individuellen
Existenz, dem er sich nur entziehen kann, wenn er schließlich
seine Befriedigung in Zwecken und Zielen sucht, die weittragender
sind, als die kurze Spanne seines eigenen irdischen Daseins.

Dieser sich im Ekel ihres eigenen Düngers ersäufenden
Eintagsklugheit des Einzelwesens steht die Klugheit gegen=
über, die wir als ächte Grundlage der „Vorsichtsgewohnheiten"
erkennen. Es ist das die im Laufe der Generationen er=
folgreich befundene Klugheit der Rasse und ihre Vorsichts=
gewohnheiten sind eben der Inbegriff der durch

den Kampf um's Dasein erworbenen Sittlichkeit. Diese Sittlichkeit hat aber für den besonderen Fall ihre bestimmten Gewohnheiten schon seit Jahrtausenden gezeitigt. Zwiefach, den auseinandergehenden Richtungen entsprechend, sind dies: Für die passive Rasse: die Gefügigkeit der Unterwerfung, und die stoische Ertragung der Vernichtung des Ueberschusses der Menschheit durch irgend welche „höheren" Mächte, mögen diese sich in Elend und Hungersnoth, in Kindersterblichkeit oder auch in der bei dieser Rasse gebräuchlichen Massenmetzeleien des Krieges äußern. Für die aktive Rasse dagegen: die Heiligkeit der Ehe; ihre Beschränkung auf die Tüchtigen; die Keuschheit der Jugend, — die aus physiologischen Gründen nothwendig mit regelmäßiger physischer Anstrengung, wo möglich in freier Luft, Hand in Hand gehen muß; die Ausmerzung der ungesunden Elemente und endlich eine gewisse „humane" Schonung des im Kampfe überwundenen wirklichen Kriegers.

Ob das Christenthum, als es die Vernichtung verkrüppelter und nichtsnutziger Kinder der Willkür des Vaters entzog, der „Sittlichkeit" einen Dienst geleistet? Gegen diese Weise der Ausmerzung der Untüchtigen läßt sich, wie gegen die Gummimoral, die gewissermaßen dasselbe ist, das Unzureichende der individuellen Klugheit geltend machen. Es kann aber dem Christenthume der Vorwurf nicht erspart werden, daß es, anstatt diese individuelle Willkür durch gesellschaftliche Sittlichkeitsregeln zu ersetzen, das Leben dieser Klasse schützte, und ihrer Fortpflanzung nichts in den Weg legte. Gegenwärtig ist man, durch die gleichzeitige Entwickelung der Wehrpflicht und des Humanismus zu der vom Freiheitsstandpunkte aus sittlichen Abscheulichkeit gelangt, die nicht wehrfähige Klasse auf Kosten der zum Militärdienst Ausgehobenen praktisch geradezu zu prämiiren, und ihnen die besseren Erwerbschancen zur Fortpflanzung ihrer Jämmerlichkeit, und des durch sie bedingten gesellschaftlichen und individuellen Unglücks zu gewähren.

Anhang.

Die Saga-Schlüssel

und

die Zahlwörter als Quelle der Urgeschichte.

Von

John H. Becker.

Die im Terte dieses Buches „Sittlichkeit und Sozialreform" im Kapitel „Sachse und Schlange, eine Seegeschichte der Urzeit" gegebene Auffassung der Urgeschichte begründet sich folgendermaßen:

Beim Studium der amerikanischen Archäologie hatte sich dem Verfasser die Ansicht aufgedrängt, daß die mythische Schlange, der Schlangengott, die Fischschlange u. s. w., die als kulturgründend auftritt, keine unbestimmte naturphilosophische, sondern eine sehr konkrete geschichtliche Bedeutung habe. Es ist die eines Kahns mit seinem Insassen, dem Kahnfahrer der Urzeit. An der Hand dieses Schlüssels unterzog derselbe auch die Mythologien der alten Welt einer Prüfung, und siehe da! die große Menge aller der unverständlichen Schlangengottgeschichten übersetzten sich in ganz deutliche Wikingsfagen, deren Charakter nunmehr für die Urzeit einen greifbaren Geschichtswerth hat, indem er den Ursprung aller „schlangengöttlichen" Zivilisation durch zu Wasser in Kähnen in das betreffende Land gelangte fremde Einwanderer darlegt.

Die durch eine Vergleichung dieser Anschauung mit den bekannten Thatsachen der Geschichte, und den neueren archäologischen, ethnologischen, geologischen und geographischen Entdeckungen und Theorien sich ergebenden Ansichten habe ich, außer im Terte dieses Buches, in folgenden Aufsätzen bearbeitet, auf die ich verweise:

„Ein Wendepunkt in der Urgeschichte des Menschengeschlechts", in der Darwinischen Monatsschrift „Kosmos", Band II. p. 241 ff.

„Der Schlangenmythus" Kosmos, Band V., p. 196 ff.

„Das Kriegswesen der alten Völker Mexikos", Sonntagsblatt der Vossischen Zeitung. 1877. Nr. 33—35.
„Staats- und Gesellschaftsleben der alten Völker Amerika's", ebenda. Nr. 43—48.
„Zur Entwickelungsgeschichte semitischer Sitten", ebenda, 1878. Nr. 25—30.
„Die Arier und die Sintfluth", ebenda, 1879. Nr. 29 bis 36.
„On the migration of the Nahuas", C. R. d. Congrès intern. d. Américanistes, 1877. Vol. II, 325 ff.

Bei diesen Studien wurde ich auf die immer wiederkehrende Häufigkeit gewisser Wortstämme in Götter-Helden und Häuptlingsnamen und Titeln u. s. w. aufmerksam. Das Endergebniß ist die folgende Theorie:

Die einfachen Zahlworte des indogermanischen Sprachstammes (mit Ausnahme der fünf und zehn) haben ihre Zählbedeutung von der Anzahl der Köpfe der Mannschaft bestimmter Schiffsformen der Urzeit erhalten. Die Namen dieser Schiffsformen aber kehren nicht allein in den Zahlwörtern wieder, die die Ziffer ihrer Bemannung ausdrücken, sondern sie sind auch zugleich Hausbezeichnungen, was sich durch den allgemeinen Gebrauch, die Kähne des Abends an's Land zu ziehen und umgestülpt als Dach der Lagerstätte zu benutzen, erklärt. Sie bezeichnen auch den Sarg, der ursprünglich der Kahn des Verstorbenen war; sie kehren wieder als Namen von Göttern und Helden, die als Kulturgründer von der Mythe überliefert sind; als Bezeichnungen herrschender Geschlechter, Adelskasten und Würden; als Bezeichnungen kulturlicher Kenntnisse und Geschicklichkeiten; als Bezeichnungen einer Menge Gegenstände, Hausthiere, Pflanzen und Werkzeuge, die einer primitiven Kultur angehören, aber absolut wilden Völkern noch unbekannt sind; endlich als Bezeichnungen mancher Thätigkeiten, die für Seefahrer charakteristisch sind, zunächst der des „Wanderns" und des „Kämpfens", dann des „Kaufens" und des „Stehlens" (Seeraubs). Die Begriffe „jung" aus der Thatsache, daß die Wanderer zumeist junge Leute waren; „weiß, gelb, golden", weil das die Haut- und Haarfarbe der Sonnensöhne, die übrigens auch das wirkliche Gold im Altai fanden; endlich die von Liebe, Freundschaft, Ehe, Güte, heilig, entwickeln sich auch, und zwar weit über die Grenzen des indogermanischen Sprachstammes hinaus, aus denselben Wurzelstämmen.

Die Erklärung suchen wir in dem Umstande, daß die Auswanderer der sächsischen Rasse sich in der Urzeit auf den Wasserwegen überall hin verbreiteten, wo diese Wortverwandtschaften sich finden.

Eins.

„Ein Stammwort kawan wird einerseits zu kan, wan, pan, andererseits zu kap, kip, kuf. Urbedeutung: ein Hohlgefäß, noch früher möglicherweise blos vana (Zend)=Baum. Kahn, Kanne, Wanne, Pfanne, Kappe, Kiepe, Kufe; kuan (chinesisch) Sarg, Hut, Hand, Nadelbüchse, Messerscheide, khuang Korb; puan Waschschale; (finnisch) venhe, vanas Boot; (Amerika) canoe; (Maya) hun eins, can Schlange auch „vier". Im Uralaltaischen kab Wurzelstamm, der „hohl" bedeutet. kip, kap hohler Baum und Kahn; kajuk (russisch), kajik (osmanisch), kajak (Eskimos) Kahn. kab (Maya) hohle Hand, auch „fünf"; kabu (assyrisch) Gewölbe u. s. w. cabine, Koje, Kajüte, zum Begriff „wohnen"!

Eine Ableitung scheint uralt und weist auf die Zeit zurück, in der der Fischer zuerst anfing sich des Baumstammes bei Ausübung seines Geschäftes zu bedienen. Sie endet auf den „K"= Laut: Wanken, Fangen, Schwanken, Wankeln, Angeln, Engel, Enkel, Schwinge; die Sphinx, Phönix, Pankalas.

Die spätere endet auf d. „Ihre wichtigste Bedeutung ist Wandern, das wir ohne Weiteres mit den Wanen der germanischen Mythe, und mit den Volksnamen Wenden, Wandalen u. s. w. zusammenstellen. Altegyptisch ist Punt Wanderer, Punt das Wendland, von dem die Götter nach Egypten einwandern; Punt die Punier, Phöniker. In Mexiko ist Panu-co (Ort der Pane), in der Aztekischen Religionszeremonie Pantitlan (Land der Pane), der Ort, an dem die Urwanderer der Mythe landeten; im Kechua Perus hat panta noch den nämlichen Sinn. Was den Egyptern Punt heißt, ist in Indien als Yawan bekannt, was sich griechisch zu Jon vereinfacht Uebrigens kennen die Indier auch Pandu's und Panis, die Eranier die Kajan; die Chinesen nennen die Hunnen Hiong-nu; Jung und Jouan = Jouan. Jung juvenis (lateinisch); Ben semitisch; hun egyptisch (auf der Pianchistele kabah); kuang chinesisch; ini türkisch; ino tungusisch u. s. w. haben alle diese Bedeutung und erklären sich aus der alten Sitte des sächsischen Volksstammes, die jungen Leute als „heilige Lenze" auf die Wanderung zu schicken.

Weitere Ableitungen: van, vennan, vann (nach Fick: III 286) „wirken, zuführen, arbeiten, leiden, streiten, gewinnen, niedermachen, umbringen, sich plagen, bezwingen u. s. w. Kurz alle Thätigkeiten, die dem Wanderer, der in die unbekannte Ferne schiffte, zufielen. Bonus: gut, venja Freund; wine Freundin, Geliebte; juvare helfen, aus dem Begriff der Landsmannschaft entwickelt. to hunt jagen, vendere kaufen, vindex der Rächer. Hans, gothisch: Herr; hansa Gefolge, finnisch: kansa Heerbann.

Pan, slavisch: Herr; effendi türkisch, griechisch: Herr; wana Herr bei den Bantu-Völkern Afrikas; bon tybetanisch: Herr; kan bei den Hakas: Zauberpriester; kahin, kohen, semitisch: Priester; kaan, Großkhan der Mongolen; kohan, Oberhäupter der alten Türken; chinesisch: khuan, Mandarin; kung, Fürst; wang, Kaiser; japanisch: kannagi, Orakel; kung, lettisch: ein angesehener Herr; kunigas, kuningas, finnisch; kanek, Maya, Kultursprache Zentralamerikas: König.

capacitas; cabbala; kennen, können, Kunst = kung (chinesisch); kovat, slavisch (magyarisch) Schmied, faber, Zimmermann: Kühn = kinu, kajan (assyrisch); ken altegyptisch.

Die Bahn: hun (ägyptisch) Gewässer, hanu Kanäle; Han, Kau, Korea-Fluß; Kiang, Wen, kuen: Graben, Kanal (chinesisch); hani. ghani, wanna, Fluß Algonquin Nordamerikas; vana, finnisch: Rinne Graben; viena, Flußmündung; pontus, Meer. Alles als Weg der Urwanderer gedacht. janua (lat.) Durchgang; kuan (chinesisch) Thor u. s. w.

Bedeutung: „weiß, glänzend, golden", von der Farbe der Wanderer entnommen. Sanskrit u. s. w.: cand; kanaka Gold; keltisch gewenn, vind, fion, ban, jaune; chinesisch: kin Gold, hoang gelb; tagalisch quinan Glanz; neuseeländisch hana-hana; tonga: hinahina; Amerika: kohannah (juni) weiß, kin (Maya) Tag, Sonne; kan gelb; Ririri Peru: kenke weiß u. s. w.

Bedeutung: „leer, dunkel, warm" wie im Innern des Kahnbaches: cham semitisch; kyanos griechisch; svanya slavisch.

Bedeutung: erregende Getränke: kawa (Polynesisch); Kaffee.

Bedeutung: Wanderthier. Der Hund uralaltaisch: pene, pentu, jand, vueng, buno, bang; tungusisch: ina; japanisch: inu; chinesisch: khuan. hun; türkisch: köpek. — Schwan, Gans, Ente; Huhn finnisch kana, lappisch vuenca.

Das Schwein, ein heiliges, sventa Thier der Wanen: pentu (Tamil); panda (Telugu); kansir arabisch.

Früchte u. s. w. die die Wanen mitbrachten: yawa (sanskrit) Getreide; jawai Gerste (litthauisch); jyvät Samen (finnisch); gwiniz Weizen (keltisch); Bohne faba (lat.), papu (finnisch), bobu (slavisch). Hanf uralaltaisch: hamppu, kanip, kender, kyne u. s. w. Brod panis; ungarisch kenger; Honig finnisch hunaja. Als Kulturgründer der Mythe erwähne ich aus Hunderten: den Dannes Babylons; den Phanes, Hanes, Khanes, Rhonso, Rham Egyptens; den Kain, arabisch Kabyl der Bibel; den chaldäischen Kivan, Kepheus; den griechischen Pan, lateinisch Janus, Venus, Juno, umbrisch Hunte; den türkischen Kajan; in Amerika: Khanukh (Henoch der Bibel); Kabun (Algonquins) Jocanna (San Domingo); Kabavil zentralamerikanisch; Kapak Peru u. s. w. u. s. w.

Ich habe diesen Wortstamm etwas ausführlicher angeführt,

um die mannigfachen, mit dem Leben der Urwanderer in Beziehung stehenden Bedeutungen hervorzuheben.

In Werken, wie deren neuerdings viele geschrieben sind, die die Urgeschichte der Menschheit aus der Anschauung der Wände der Studirstube konstruiren, kann man Illustrationen sehen, in denen so genau, als ob der Verfasser selbst mit der Camera obscura dabei gestanden, gezeigt wird, wie der Mensch der Urzeit mit dem Steinbeil aus einem gefällten Stamme seinen Kahn aushöhlt. Wir haben selbst früher an einen ähnlichen Hergang geglaubt. Es gruselte uns zwar immer bei dem Gedanken über die Länge der Zeit, die zur Herstellung eines solchen Kanoes erforderlich sein müßte, das möglicherweise, wenn wirklichen Meereswellen anvertraut, schon bei der ersten Seefahrt an der nächsten Klippe schiffbrüchig wurde und liegen bleiben mußte.

Erst durch das Studium der Zahlwörter sind wir darauf gekommen, daß der Ursachse erheblich gescheiter war, als die Gelehrten vermuthen. Es fiel ihm gar nicht ein, sein ganzes Leben auf die Ausknabberung eines Kahnes mit einem Steinbeile zu verwenden. Wenn er mit seiner virgo (Jungfrau) einverstanden war, und das Paar in die Ferne wandern wollte, um sich dort eine Heimath zu gründen, so suchte er sich unter der Menge der Bäume, die das Hochwasser des Flusses mit sich geführt, einen aus, der ihm passend erschien, und den er quercus (Birke) nannte. Er ging an's Werk, indem er noch einen zweiten, halb so langen Baum suchte, diesen band er quer mit dem ersten zusammen, und das Ganze nannte er crux (Krücke, auch Wrack). Unterdessen hatte seine virgo einen großen Korb, 5 bis 6 Fuß im Durchmesser geflochten, und mit Häuten überzogen oder ausgekleidet. Dieser Korb, coracle nennt man ihn keltisch, wurde hinten an den langen Schenkel des Kreuzes angebunden. Jetzt legte sich der virag, vir, Recke auf seine Krucke und, wriggling and wraggling, zog er sein rig and rack über das Wasser. Um eine bessere Ruderwirkung zu erzielen, flocht die virgo, die unterdessen Frau geworden, aus Ruthen, flagellis. zwei Schwimmflügel, die entweder an das Kreuz, gewöhnlich aber an einen um die Gurgel gelegten Kragen beweglich angebunden wurden, und, so lange der Kerl aufrecht stand, seinen Frack oder Rock bildeten. Packte er sie mit den Händen, und hob er sie, so war er der Engel mit den Flügeln. So legte er sich auf Kreuz, und ruderte mit diesen Flügeln. Das ist der Kraken, der arabische Vogel Rock. Die Abbildungen dieser Schwimmflügel kann Jeder, der Augen hat, an den egyptischen Monumenten sich ansehen. Dieses Meerungethüm war ein Doppel=Zwitter, eine

Zwei.

Nach dem Muster eines tapfen-ähnlichen „tavit", in dem Tauben zwitscherten wurde ein tub, Zuber, tuba, Tüte getwistet, mit Zetteln, Titeln, Zeideln, Taft, Teppichen tapezirt und durch einen Zopf im Tau des davit getoted. Im geflochtenen Topfe war es tepid (engl.) tiéde, thau=warm, auch tidy, sauber. Die Reise war tedious, nahm viel Zeit, die sich die Zwei mit twitter, ditty, tweedle und diddle vertrieben. Sie ging mit der tide (Fluth) am dies (Tage). Der Insasse, den debt, Schuld, auf's Meer getrieben, der nunmehr auch debt, Pflichten, hatte, war tapfer, auch deft und dapper (geschickt), auch ein Zeibler. Das Fahrzeug zipperte und zitterte, als ob es tipple betrunken wäre; die divids-Theile zupften und tappten einander, wobei das diving (Tauchen) Gewohnheit und die Taufe zum tabu, heilige Sitte wurde. Es war das totum (das Ganze ad: kwan) des tate oder tutor, der in ihm oft seinen Tod fand. Er wurde mit Leuten bekannt, die sein twaddle nicht deuten konnten, und die er für taub hielt. Auf der Tiefe, dubitans, in Verzweiflung schweifend tiftelte er den Proudhon'schen Zauber schon vor 6000 Jahren aus, indem er Dieb und dives wurde. An einem wohnlichen topos angelangt, setzte er seine Davits-Stele in situ als Stammbaum an der sitella, Stelle auf, wo er seine taberna, sein topa, tepe (uralaltaisch, Nord= und Südamerika) Zelt, Wohnung, Dorf, Nest; sein tape (koptisch) Kasten schuf. Unter dunklen Sklaven wurden die zwei die lichten devas (Götter). Als Titanen gründeten Toparchien in der hochasiatischen Welt die Topa.

De Guignes, Histoire des Huns, giebt an, daß nach chinesischen Quellen im grauesten Alterthume den Chinesen drei Reiche bekannt gewesen, nämlich ihr eigenes im Thale des Hoangho, das der Hiongen (der Hunnen, der Wandervölker) in der Wüste nördlich von ihnen; nördlich aber von den Hiongen, also in den Grenzgebirgen Sibiriens habe das Reich der Topa gelegen, und dieses sei das ehrwürdigste gewesen. Mongolisch=tybetanische Sagen behaupten, dieses Reich sei durch eine Katastrophe zu Grunde gegangen. Ein Theil der Bevölkerung sei nach China, ein anderer nach Tybet ausgewandert, dem sie ihren Namen beigelegt.

Die Tungusischen Völker werden noch um die Zeit 200 n. Chr. von den Chinesen Topa genannt. Topas aber heißen auch die vier Kulturhelden Perus, Tupa ist Göttername in Brasilien, und topa kommt in amerikanischen Sprachen zur Bezeichnung der Zahlen „Zwei" und „Vier" vor. Daß in Polynesien Alles Heilige tabu heißt, ist weltbekannt. Soviel über die Auswanderung der devas nach Osten.

Teut (ein Zwitter, bestehend aus Asker und Embla), landet auf den Inseln des aralokaspischen Meeres selbst und gründet dort seine Ansiedlung.

Nach Süden geht Taothe der in Mesopotamien landet; David, der Sohn Jesses, der das jüdische Reich gründet. Als Taut, von Punt aus, den Nil hinunterschwamm, setzte er das geflochtene tawit auf den Vorderschenkel des Kreuzes fest, und als er später, sein Theben bauend, das Andenken an sein Herkommen zu verewigen wünschte, bildete er dieses Fahrzeug getreu im „Nilschlüssel" ab. Das war ein Fortschritt, der den Uebergang zur nächsten Periode charakterisirte, und wer den nicht mitmachte, wurde bald als tappiger Hans Taps ausgelacht.

Drei.

Die Erfindung, die Taut in Aegypten gemacht, machten in etwas anderer Form die Titanen Turans früher als das Volk der Heimath. Sie verbanden die drei Vorderschenkel des Kreuzes, dem sie mitunter, um es im Vordertheil tragfähiger zu machen, durch Anbringung besonderer Auslegerscheite die Form des Dreizacks geben, mit dem Neptun die Meere beherrscht, durch einen Bug, legten dort eine Dielung und errichteten einen Bord. Zwei Männer wurden in die Spitze gestellt, der dritte, der Nautiker, der neuter, der hinten im Troge des Langbaums stand, lenkte und stieß das Fahrzeug. Das war der dreiköpfige Drachen, ganz vorzüglich, um in den Flußmündungen Turans zur Abwehr gegen die über die See kommenden Wanderer zu dienen. Diese Abwehr gelang so vollkommen, daß der freien Wanderung Vena's und der Daevads, die bislang ohne Hinderniß, denn die niederen Rassen zählten nicht als widerstandsfähig, die ganze Welt überschwemmte, ein Ende gemacht wurde. Ich schließe dies daraus, weil während dieser Epoche die Beziehungen zu den Polynesiern und zu den amerikanischen Kulturvölkern aufzuhören scheinen. Die im Zwitterfahrzeug nach Ostasien gelangten Wanen und Topa's erfanden sich dort selbstständig ihre weiteren Bootformen, und kamen zum Theil in Viererbooten nach Amerika. Denn Vier ist dort die heilige Zahl; die „Schlange", kan, heißt auch Vier, die Stämme top und nop kommen in den Zahlwörtern als Zwei und Vier vor; die Mythe spricht stets nur von einem Paar, Schiwa und Schibill, Mann und Weib, oder von vier über das Meer des Westens gekommenen Kulturhelden u. s. w.

Es bestanden also in der Periode der Drei in dem ganzen Halbmond vom Tianschan bis zum Ural kräftige neue Reiche und Volksstämme, die einen freien Durchzug nicht mehr erlaubten. In dieser Periode wurden die speziellen Vorfahren sowohl der druidischen Kelten als der Germanen von dem Volke der Urheimath schon zu den Turaniern gerechnet, da tur, das im Eranischen

„feindlich" auch „schwarz" bedeutet, von der sich bald ein=
stellenden Bastardfärbung, im Deutschen als „treu" den Begriff
der Freundschaft und Wahrheit, wie in „Trug" den der Feind=
schaft enthält. Die Urgermanen entwickelten sich also für die
Cranier als Turanier, für die nordöstlichen Turanier von Jötun=
heim aber als Saken = Weiße, auf den Inseln des Meeres,
während die druidischen Kelten geradezu den Westflügel der
turanischen Welt gebildet und am Ural gesessen haben mögen.
Bei der Menge der hierher gehörigen Worte erwähne ich
die Thurse der germanischen Mythe; tere, ture, türkisch: Richter,
Herr; dhurunni die erblichen Zauberer; turong Wassergeister
Australiens; tirirango polynesisch: Tyrann, Stammesfürst;
tribus Truppe u. s. w.; Duris daralamak uralaltaisch, schmieden,
was ersichtlich mit germanisch „dirk = Dolch" und türkisch=
mongolisch: terke-daulgha = „Helm" zusammenhängt. Daß
der Stamm dor als Baulichkeits= und Ansiedlungsbezeichnung,
gewöhnlich schon festerer Art, wie es einer Herrenwohnung
zukam, allerwärts zu finden, brauche ich kaum zu erwähnen.
Hinzufügen möchte ich, daß das Wort tur selbst eine Zusammen=
setzung von „topa" und „Herr" zu sein scheint, also ursprünglich
den „Herrn der Tope" bedeutet.

Manche ganz auffällige Eigenthümlichkeiten der amerikanischen
Kultur sprechen dafür, daß die Wanderer, die dorthin gelangten,
und die übrigens als Tolteken in der Mythe des Popol=Vuh den
identischen Namen: Tulan als Ausgangspunkt der vier Kultur=
helden überliefern, vom Ostende der alturanischen Zivilisation, an
der sie schon theilgenommen, ausgingen.

Das englische Rite=Drachen, dessen Form auch in der
trowel, Maurerkelle, wiederkehrt, ist eine interessante Erinnerung
an den alten Nationalnamen der Khita's oder Jüten. „Die
Druja's und Yatus sind böse Wesen, aber von geringerer Macht
als die Daevas" (Spiegel, Eran), deutsch: Thor = Narr,
d. h. die zu Thoren = Herren gewordenen Titanen versumpften
und wurden Thoren = Narren. Aus dem Gigas, das wahr=
scheinlich mit gig (engl.) mit Wiege und Geige, aber dann
auch mit Bhaga, bogu, Gott, das auch in Amerika häufig
auftritt, mit Kagan „Khan der Mongolen" u. s. w. zusammen=
hängt, wurde der Geck, der Gauch. Gauche = linkisch aber
bedeutet den Eindruck, den der Lenkprozeß der Giganten, die
ihre Gegner waren, beim weitern Fortschritt auf die freien
Saken machte.

Vier.

In dieser Periode hatten sich die Vorfahren der indo=
germanischen Völkerschaften schon in verschiedene Stämme getrennt,
die sich selbstständig entwickelten. Sie kann als die des Ueber=
ganges von den Floßkonstruktionen der Urzeit zu wirklichen

seefähigen Schiffsformen bezeichnet werden, und die verschiedenen Stämme scheinen sich verschiedenen Experimenten auf diesem Wege hingegeben zu haben.

Das deutsche Wort „Vier" sehen wir als ein Quer an, dessen Verwandtschaft mit Kreuz, Krücken u. s. w. wir schon bei der Zwei angedeutet. Die vier Arme des Kreuzes geben den Sinn des Zahlenwerthes. Einige Verzweigungen des Wortstammes müssen wir hier nachholen, da sie gerade über die erste Urzeit Kulturgeschichte überliefern. Die Gruppe „Kreuz, Kreis, Zirkel", sowie die von „Kris" (griechisch) zeigt an, daß bei der ersten Erfindung des Kreuzes, als dasselbe gleichschenklig gemacht wurde, die Kreuzfahrer entdeckten, daß sie mit diesem Kreuze nicht vorankamen, indem dasselbe, je mehr sie wriggleten, desto schneller Kreise um sich selbst beschrieb, wodurch sie in eine „kritische" Lage geriethen, der sie durch Kritik abhalfen, indem sie den einen Schenkel zum Langbaum machten, dessen Gewicht eine Lenksamkeit und stätige Steuerung ermöglichte. Auf die beiden letzten Worte möchten wir die griechischen und slavischen Formen der „Vier" beziehen. Daß sie in diesen Krisen gechristet, getauft wurden, wie David im Tabu, und daß sie Gold fanden, erklärt den griechischen Wortsinn vollständig. Die Wortreihe: Krieg, guerre, Wrack, to wreak, rack, Rache, Recht, regieren, schwören, schwer u. s. w. giebt eine drastische Erklärung der Sitte des „Aufs Kreuz Schwörens"; was in der Urzeit weiter gar nichts hieß, als daß derjenige, der seine Stammesgenossen belog, auf's „Kreuz" in's Meer hinausgetrieben wurde. „Er nahm sein Kreuz auf sich", und das war „schwer", wenn er von einem Wasser zum andern über eine Portage wandern wollte. Daher wieder: Kreuz als Rücken, Kragen, Frack, Rock, Schwarte; die davon abzuleiten sind, daß der Kreuzfahrer sich gern einen passenden, von Natur hohlen Baum zur Konstruktion seines Kreuzes suchte. Kreuz wird auch zu Galgen; die Urform der Strafe war die, daß man den Missethäter an's Kreuz gebunden in's Meer warf. Golgatha ist interessant, weil es, wie alle anderen Worte der Christus-Legende, diesem Sagenkreise der altsächsischen Urzeit angehört. Kerker und Kirche bezeichnen das Nachtquartier, das Landhaus des Kreuzers, und Barbar erzählt uns, daß er bärtig war. Xerxes, Kirghis, Tscherkeß u. s. w. Der Fortschritt des Schiffbau's bestand darin, daß die Sachsen, dem Beispiele der Turanier folgend, auf dem Kreuze ein viereckiges Carrée von Gatter, Gitterwerk errichteten (quattuor), dessen aufrechte Schutzwände sie Gard, Bord, Barten nannten; der indische Vogel Garuda, der keltische Quarthawn. Andere mögen das coracle, den geflochtenen Zuber, zur Barke (Brig, Fregatte u. s. w.) vergrößert und verstärkt und das eigentliche Kreuz, verkleinert, als

Rettungsfloß und Steuer hintenangehängt haben. Jedenfalls war das Viereck für alle diese Konstruktionen charakteristisch. Als Wohnung tritt die Barracke auf.

Das Leben auf der See wurde in dieser Periode ein lustiges, denn die Begriffe frei und froh u. s. w. entwickelten sich. Aber mit quattuor deckt sich auch cadaver der Leichnam, quader der Todtenstein; mit carena (Schiffskiel spanisch) cairn; mit crux, Krücke: carcass und cercueil = Sarg; alles Erklärung der megalithischen Monumente und „Bautasteine." Denn Boot selbst scheint mit quattuor stammverwandt, und ist historisch wegen der Gothen, der Götter, der Buddha's, Wotan's und Odin's wichtig. Als Wohnsitz wird es Kathe, Bude und die dazu gehörige Wirthschaft das „Gut", dessen Besitz gut schien. Mit Boot, bauta hängt aber wieder baptizo = taufen zusammen, was zum Seehandwerk gehörte, und deshalb gleich den neugeborenen Kindern beigebracht wurde. Was den Taufprozeß nicht aushalten konnte, paßte nicht für das Leben der freien Wanen und wurde im Taufprozeß ersäuft. Die Zeremonie ist sehr alt, da sie die Kulturhelden Amerika's unter dem Namen zihil (ad: Zwei oder Sieben) schon mit sich führten.

Sechs und acht.

Sächsische Bootformen. Wahrscheinlich nur Verlängerungen in einer Richtung der ursprünglich quadratischen Vierform. Die Schescha Buddha-Wischnus, die sechsköpfige Schlange, auf welcher dieser Gott über das Meer nach Süden fährt, und eine Einwanderung von Saken, Goten und Wessen nach Indien führt, ist russisch tschaik, nordisch und finnisch hackssa, lappisch hausa, und wird auf dem Lande umgestülpt zum germanischen Hause. Der Wortstamm sakan, skan der weiß bedeutet, stellt sich an Wichtigkeit seiner Verbreitung dem kwan zur Seite. Unzählig sind seine Ableitungen, wie sie sich aus dem Verhältnisse der Saken und Wanen als Sieger und Wanderer ergeben.

Arisch skand glühen u. s. w. uralaltaisch tschagan, tchaksan u. s. w. türkisch ak, zentralamerikanisch zak, alles im Sinne, weiß, glänzend, goldgelb, feurig, licht u. s. w.; Scheik semitisch, Schah persisch, Hak altägyptisch Zaque Hochland von Bogota (Amerika) König; saks finnisch „Herr" und „Deutscher"; asega frisisch, sigum mongolisch sseken chinesisch der „Richter"; aka tangutisch „Herr"; sakan altassyrisch; schogun japanisch „Statthalter"; sak befehlen; sagba die Wissenschaft (assyrische Keilinschriften); zakon russisch Gesetz u. s. w. u. s. w. erzählen ihre Geschichte selbst.

Auf weise=sage ist aufmerksam zu machen; sowie auf shaggy (engl.) haarig; im türkischen sakal, im hebräischen sakan Kinnbart. Mongolisch aber ist ussu Haar; und Esau, der im Phö-

nitischen Usoos heißt, wird bekanntlich in der Bibel als „haarig"
dargestellt. Diese Parallele von ussu und sak ist durch=
greifend und historisch wichtig. Sie erklärt sich aus dem
deutschen „weiß" das mit „Wasser" einer Abstammung von einer
Wurzel „Kwas" zu sein scheint. Das Kaspische Meer. Worte
wie Vaissaka; Kasak in der alten Welt; Kacique Häuptling der
Kariben und vasaka „Licht" im Piena Amerikas deuten sogar
die Wahrscheinlichkeit eines gemeinsamen Wurzelwortes: Kwasaka
an, von dem sich einerseits Kwas, lateinisch: caos; was, wes,
wis, bis, bus, us; ghus; ghas u. s. w. anderseits sak, hak,
ak gebildet haben, was alles auf die Urbedeutung „weiß" zu=
rückgehend sich sprachlich ersetzt. So ist 6=wez (armenisch);
weth (kornisch); uschts (preußisch)=schesch (sanskrit); sex;
schescha (hebräisch) u. s. w. Mit der acht ist dasselbe der Fall.
Diese Gegenüberstellung legt die Abstammung eines überaus
häufig vorkommenden National=, Götter= und Heldennamens klar.
Es ist der der Asen, Asioi, Wessen, Wischen, Bessen, Hessen;
Usün; Wahzesch, litthauisch „deutsch". Als Götternahme Bes,
Urgottheit von Punt, der Heimath der ägyptischen Götter, ein
Zwitter, dem lateinischen bis zugehörig, phönikisch Usoos der
Schiffahrer, hebräisch Esau der bärtige, dann Josua, der Führer
durch die Wüste, auch Jesus, Sohn des Nauen geschrieben; Jesse,
der Vater Davids; indisch Wischnu, auch Wischnava geschrieben,
der „weiße Nachenfahrer"; altitalisch Fise, Fise Sassi (beide
Namensformen nebeneinander); Kasutru, Xisutrus, Hasisatra,
Castor der „weiße Herr" akkadisch, etruskisch, griechisch. Als
Herrschernamen: Altägyptisch: Bezur und Usur, das in der
13. Dynastie beständig mit Sochem wechselt d. h. der Vater
nannte sich „Sake" der Sohn ein „Weißer" und umgekehrt;
Wasark, beständiger Beiname der Perserkönige; Vezier; Caesar
lateinisch; im Sanskrit vaissam pati; lateinisch usurpator;
griechisch basileus = König. Der Jessum Damba ein Jesus
Dominus ist Lamakönig der Mongolen in Urga. Wesagird im
Königsbuch Firdusi's die Hauptstadt der Wesa's, des turanischen
Adels; Wyschegrad bei Prag ist der Sitz Kraks', der die tschechische
(ad „sakan") Herrschaft begründete; und in Wischegrad bei Kiew
residirten die Warägerfürsten.

Sieben.

Die heilige Zahl der semitischen und indogermanischen Bastard=
nationen; die siebenköpfige Schlange. Heilig, weil die „Siebener"
noch in geschichtlicher Zeit die Herrschaft führten. Die Periode
der Sieben liegt gerade vor der Schwelle der allgemeiner be=
kannten Geschichte. Ihr Charakter scheint der eines Zusammen=
bruchs der alten Topa=turanischen Reiche zu sein, und einer neuen,
durchgreifenden Ueberfluthung aller von ihnen beherrschten Länder,

die den freien Sachsen zugänglich waren. Das siebenköpfige Schiff, wahrscheinlich das erste gezimmerte wirkliche Boot, das an Stelle der Kreuzkorb- und Gatterfloßkonstruktionen trat, scheint eine geraume Zeit eine herrschende Rolle gespielt zu haben. Aus ihm gingen später in relativ schneller Aufeinanderfolge die höheren Boot- und Schiffsformen hervor. Zur Zeit dieser letzteren Entwickelung muß die Sintfluth eingetreten sein. Wenn man sich mit runden Zahlen zufrieden giebt, so könnte man den Anfang der Siebener-Periode etwa auf das Jahr 3000 v. Chr. festsetzen. Denn um's Jahr 2700 erscheinen die hundert Familien, wahrscheinlich eine aus der turanischen Welt der Altairegion von der neuen Sturmfluth der Saken verdrängte Topa-Aristokratie am oberen Hoangho, und diese bringen das Zahlwort „tsi" in der Bedeutung „sieben" und das „ship" in der Bedeutung „zehn" schon mit sich, während es sonst in dieser östlichen Region nur ganz vereinzelt auftritt, was durch späteres, ausnahmsweises Eindringen einer Völkerhorde erklärt werden könnte. Nach Süden müssen die Beziehungen zur sogenannten semitischen Welt in dieser Periode sehr einflußreiche gewesen sein. Wahrscheinlich war die ganze Gebirgskette des Paropamisus bis zum Ararat hin nunmehr übersteiglich geworden.

Von einer Aufzählung der Unzahl von Schiwas die in der Mythologie der Völker leben, sehen wir hier ab. Der „Schöffe" war jedenfalls schon in uralter Zeit „Richter". Bei den alten Mexikanern war der Ciwacoatl der Oberrichter; bei den alten Hiongen verwaltete die Familie Seupo erblich das Richteramt. Dschobo, Dschu im tybetanischen „Herr, Gebieter", Tscheu (chinesisch) Fürst; Tschipau, auf den Karolinen, Zippa auf dem Hochland von Bogata „König"; tschibor (ein recht deutliches Schiffer) bei den Türken „Held"; schoffet semitisch „Richter"; sidi arabisch „Herr". Der Begriff eines entwickelten politischen Bewußtseins zeigt sich in der Rechtssprechung durch das alterbrachte „Besiebnen" des Eides d. h. die Schiffsmannschaft, Sippe, civitas, sept, slavisch schupe, semitisch schebeth, wurde auch nach erfolgter Ansiedlung als souverän behandelt, und mußte jedem Rechtsspruche, der gegen einen ihrer Zahl erging, ihre Zustimmung geben, oder dessen Sache zur ihren machen d. h. den Krieg erklären.

Sophos, sapiens, weise; finnisch sep: ein geschickter weiser Mann, ein Meister, ein Zauberkundiger, ein Schmied; szap, szobi, in anderen uralaltaischen Sprachen, sabbi, bei den Eskimos „Schmied"; schipe totec war Gott der Goldschmiede im Mexiko; chibchacum Gott der Handwerksgeschicklichkeit bei den Chibchas (Bogota, Südamerika). In der Nahua-Sprache (Mexiko) ist tzibah schreiben, bei den Chippewans, Nordamerika, dschibbige dasselbe.

Auch in der Bedeutung Strom geht das Wort durch beide Hemisphären: Sjebu, Sabi, Safi in Nordafrika; Siwo in Japan; Sippi in Amerika. Die religiöse Taufzeremonie Zihil des Maya-Volkes habe ich schon erwähnt. Aber ob dieses und noch viele andere Worte zur Gruppe der „Sieben" oder der „Zwei" zu rechnen, scheint mir zweifelhaft. Es ist überhaupt bemerkenswerth, daß alle die Worte, die unzweifelhaft der Siebener Gruppe angehören, einen gewissen Würdencharakter der Heiligkeit bewahren, während es zur Bezeichnung gewöhnlicher Culturbeziehungen nicht in erkennbarer Gestalt vorkommt. Es will mir scheinen, daß die Lösung des Räthsels darin zu suchen, daß die „Sieben" selbst nur ein entwickelter Zweig des Wortstammes der „Zwei" ist. Aus tiwit erfolgte durch ein „z" oder „th" der Uebergang zum ssiwit. Das erklärt schon die Flußnamen, indem der Fluß als „Schieber" des tiwit angesehen wurde. Das Wort „schieben", „schuften" (populär), shift (engl.) selbst entstand zur Bezeichnung der Arbeit auf dem ssiwit-Baume. Im Aino ist tsippe Kahn; chinesisch: tschow ein „Baumstamm, auf dem man übers Wasser setzt". Deutscher Uebergang: Zweif; Schweif; der Schweif des Davit-Kreuzes wurde, ausgeschabt, zum Schiff. Das k im skiff (engl.); in skepsis griechisch, ist später eingedrungen. Dadurch erklärt sich das Vorkommen von Schiwa und Schibill, der Rasse der Tchivim, denen sich der Kulturheld Votan zurechnet, u. s. w. in der amerikanischen Mythologie, die doch von der heiligen Zahl „Sieben" nur schwache Spuren zeigt, und wie schon erwähnt „Vier" als ihre heilige Zahl ansieht. (Bei den Dakotas, die eine spätere türkisch-tartarische Landeinwanderung sein mögen, scheint sich sieben = sapta vorzufinden). Uebrigens findet sich der Wortstamm wie im chinesischen als schip zehn, so auch im Arischen noch in der höheren Zahlenbedeutung „hundert" sata, der „hundertköpfige Drachen" der Mythe; lateinisch saepe oft. Es deutet das auf den von Ende der Siebener-Periode an, raschen Gang der Entwickelung des Schiffsbau zu wirklichen Schiffen, deren Mannschaft unzählbar wurde.

Unter der Voraussetzung, daß sib von tip abgeleitet, würde das Urtitanenreich der Topa noch heute seinen überlieferten Namen „Sibirien" tragen! —

Neun.

Stamm Nakwan; navis, Nachen; die neunköpfige Naga (indisch: Schlange; hebräisch: nachasch.) Nahia und Naukratie: Sippe. Im Nationalnamen Nahuas nach Amerika gewandert, wo es auch in den Zahlen 2 und 4, sowie in den Begriffen: wissen, tödten und sterben sich vorfindet. Tschippeway: nibo sterben; niwa tödten; niba schlafen; naw, slavisch, Seele des

Gestorbenen; hebräisch: nephesch; nahwe Tod litthauisch. In "ägyptischer Nomenklatur determinirt Napata, Nap, Neph mit dem feuchten Elemente" (Lauth) Neb Herr; Nofer schön; Nuter Gott; Nub Gold in Aegypten; alles Begriffe des urgeschichtlichen Wandersagenkreises. Anakles waren Richter auf Cypern; die Enaksöhne der Bibel; Anak armenischer Mannesname; Inak Stammesfürsten der Usbeken, Nohion der Mongolen, die Chinesen nennen sie Nganki. Negus abessinischer Königstitel; Necho ägyptisch; Nakhuba Ostafrika: Seekapitän; Nabo, Nebo assyrische Königsnamen; nobilis lateinisch.

Die Nachenfahrer litten auch Noth. Nob Auswanderungs= land Kains; Kur nude, akkadisch, Land ohne Wiederkehr; Njord Gott der Wanen in Noatun, Nudus, nackt, weil es für den Kerl auf dem Kreuze nicht thunlich war, Kleider zu tragen. Naut (altnordisch) nauta (finnisch) Nieu (chinesisch) bestätigen die eranische Sage, nach welcher der Stier schon der Begleiter des Menschen der Urheimath gewesen. Nagris, nauris (finnisch) die Rübe (ad "eilf"); Wrucke (ad "Bier"); Möhre (ad Myr) eine uralte Eßfrucht, naba (spanisch) u. s. w. Als Wohnung: nagara (indisch) Stadt; Nahor, Nachrein Städte in Mesopotamien; navah (assyrisch) wohnen; nabhar (assyrisch) Sippe. Die Worte "nahe, Nachbar, nepos, was Neffe, gelegentlich auch Enkel bedeutet, der als Engel auf dem Wankelnachen des Kreuzes zum Besuch kam, weisen auf den Verkehr eines Einzelfamilienlebens in der Urzeit hin.

Ngo (chinesisch) die Gans; noche (mongolisch) Ente; tunnag (Irisch). Ngo (chinesisch) Dollmetscher; nachasch (hebräisch) Zauberkünste treiben. Ngo (chinesische Mythe) "trägt ein Boot über Land."

Nagandora (tybet.) konnte wie ein Fisch im Meere unter= tauchen. Nun (hebräisch) Fisch; nuntius (lat.) Bote; numerus, numnus. Nakob, Negib Zauberpriester der Nawasyra (Naza= rener) wichtig wegen des Nazareth der Christus=Legende.

Die Uebereinstimmung von noqa (Quechua Peru); nuga (ottomi Mexiko) ne (Aztek) ngo (chinesisch) nuk (ägyptisch) anoki (hebräisch) "ich" deutet an, daß die Enaksöhne die ersten waren, die das Bewußtsein des eigenen "Ich" auszusprechen und zu betonen wagten. Da sie immer das "Neue" wollten, wurden sie dem Saken der Heimath der Geist, der stets die alte Sitte verneint, und dieser antwortete: Sako, Hako, Hego, ogo "Ich bin der Sake, Du, Topa, bist Nega, Niemand, der böse Weiße, ich bin der Bessere, Weißere!" womit des Odysseus Kyklopen=Mythe zusammenhängt. Fluß= und Seenamen von Hochasien (Nor=See) durch die ganze semitische Welt (Nachal, Nil) bis ins Congoland (Njaniza, Ngari) gehören diesem Stamme an

Elf.

Entstand als die Urgermanen von den anderen Ariern schon getrennt waren. Der Klüverbaum; Caravalle, Caraffe, Calabasse; Kaliber; Chaluppe; to luff das Schiff vor den Wind bringen, u. s. w. weisen auf ein Clipperboot, liburna, hin, das ilippu = Schiff der Keilinschriften. Worte, wie Kiel, Rippe, Reisen, rivet, kleben, klaffen, kalfatern, culbuter deuten an, daß der Klüver ein zusammengefügtes Kielboot war, das auf dem Lande umgedreht verpicht werden mußte, was die Noahmythe bestätigt. Als Hausdach: Wölben, loft == Boden, Laube; die Krypte der Kirchen. Urform: Qualab, Quilib, wovon Elf und die semitischen Alaf, Jlef u. s. w., die 1000, auch eine unbestimmte größere Zahl, deutsch Viel, auch 10,000 bedeuten. Griechisch chilioi. Also eine Periode schneller Entfaltung der Klüver zu großen Schiffen. Die Chaliber schmiedeten nach griechischer Mythe zuerst das Eisen: Aleppo; Ahaliba == Jerusalem; die Lyber; liber = frei, Buch; Liebe; Elfen; Lappen; Laffen, clown auch club = Verein; Kily Sippen der Ho=Stämme in Indien.

Die Culhuas, Kulturvolk Amerikas; die Kalevas indischer Mythe; Kalevala die finnische Heldensage; Chalif arabischer Titel; Kelpy engl. Nix; culpa die Schuld, die aus der Heimath auf den Klüver trieb; ältere Form: Quariba u. s. w.; (amerikanisch Cariben) scheint durch raft Floß craft irgend ein Seefahrzeug, Uebergang aus der Kreuzerperiode anzudeuten. Durch Auskerben des craft entstand die Krippe. Die Gruppe: Raffen, raufen, rauben, rab (semitisch) Herr; repa (egyptisch) Prinz; rabu (Keilinschriften) groß; spricht Kulturgeschichte. Araber, Greifen; der Vogel Greif = Cherub. Die Rübe.

Diese Wortgruppe deutet eine sehr rege Einwirkung der spezielleren Urgermanen auf die Bildung des Semitenthums an. Die Vermuthung wird durch das fehlende t in semitisch scheba, deutsch Sieben und durch die folgende Gruppe noch bestätigt.

Hundert.

Kandhara; Kandola ist im Sanskrit ein Korb, Rohrkorb. Altgermanisch Knara Schiff, Gondel. Der Dämon, die Schlange Gandarf ist ein erbitterter Feind der Eranier, so groß, daß ihm das Wasser des Kaspimeeres blos bis an die Füße geht. Die Gandharven leben nach indischer Angabe auf den „Inseln des Meeres". Eine Auswanderungswelle von Gandharven bringt durch Khorassan nach Indien vor, wovon Kandahar noch heute Zeugniß ablegt. Nach eranischen Quellen herrscht Kundrav auch in Assyrien, worauf die oben (bei Elf) gemachte Bemerkung Bezug hat. Die Namen Gunther und Gundula, Wandale, das gewöhnliche Wanderer sind deutsche Formen des Wortes. Tandur. Man kann daraus schließen, daß die Vorfahren der Germanen etwa bis um's Jahr 1500 noch auf den „Inseln des Meeres", dem jetzigen Plateau Usturt, ihre Heimath hatten, und von dort aus Auswanderer nach Indien, nach dem Ararat hin, und theils schon auf dem Landwege und zu Pferde, das nach indischen Quellen die Gandharven zuerst gezähmt, als Kentauren nach Vorderasien abstießen. Griechisch: Hekaton, lateinisch saeculum, das deutsche „Schock", ein japanisches Hiäk = hundert deuten den speziell sächsischen Ursprung der hundertköpfigen Schlange, des großen Schiffes an.

Mille, sowie miles beziehe ich auf die Melier, die Eschen= männer. Milub (assyrisch) Menge. Milbe (deutsch). Finnisch Mela Ruder. Mag mit „Mulde" zusammenhängen, und schon früh dem auch in Zentral=Amerika auftretenden Muluc, Mulge, Moloch, deutsch Molch, Malik zentralasiatisch „Herr" Namen gegeben haben.

Myriade; Myrmidonen „die auf dem Meere Bescheid wissenden". Die indische Tradition spricht von meeranwohnenden Mlekka; die babylonische von Omorka. Merkur, Mars; Mark gleich Grenze, durch das Meer gebildet; Mar persisch „Schlange", in Vorderasien aber „Herr"; Maria die Herrin, die Meerjungfrau; maritus; Märe = Seegeschichte; marvel, merry, aber auch mors der Tod im Meere, gleich mo chinesisch u. s. w.

Der Gesammtschluß ist, daß schon in der Zweier=Periode die Ursachsen sich in die weite Ferne verbreiteten, und von den Craniern trennten; daß in der Vierer=Periode die Anfänge der verschiedenen indogermanischen Völker bestanden; daß in der Siebener=Periode eine allgemeine Ueberfluthung durch die Saken stattfand; daß endlich nach der Sintfluth die Urgermanen als Gandharven sowohl Indien als Vorderasien mit einer Aus= wanderung überliefen.